Heino Kok

Geschichte der ehemaligen Mühle vom Kloster Thedinga bei Leer

Ein Beitrag zur ostfriesischen Mühlengeschichte

Impressum:

Heino Kok

Geschichte der ehemaligen Mühle vom Kloster Thedinga bei Leer

Ein Beitrag zur ostfriesischen Mühlengeschichte

2. verbesserte Auflage

Bibliografische Information der deutschen Nationalbibliothek:

Die deutsche Nationalbibliothek verzeichnet diese Publikation in der deutschen Nationalbibliografie; detaillierte bibliografische Daten sind im Internet über http://dnb.dnb.de abrufbar.

©2014 Heino Kok

Illustration und Gestaltung: Heino Kok

Das Umschlagbild (Postkarte) zeigt die Klostermühle in den 1920er-1930er Jahren.

Herstellung und Verlag: BoD-Books on Demand, Norderstedt

ISBN: 9783735740960

Vorwort

Jahrelang stieß ich bei der Suche nach Spuren meiner Vorfahren in Nüttermoor im Ortssippenbuch immer wieder auf Angaben, die die Klostermühle als Wohn- und Arbeitsplatz betrafen. Es gibt zwar keine enge Beziehung zu den diversen Müllerfamilien, aber doch etliche familiäre Verbindungen, so dass ich neugierig wurde und mich auf die Mühle mit ihrer langen Geschichte konzentrierte. Dabei ist am Ende diese doch eher umfangreiche Dokumentation entstanden.

Ich selber erinnere mich an einige runde Geburtstagsfeiern meiner Eltern und meiner Tante, Anna Gruis, die ich in der Mühle erlebt habe, aber da waren die Flügel längst verschwunden, und im Rest der Mühle befand sich schon eine Gastwirtschaft.

Bei der Recherche für diese Veröffentlichung habe ich im Niedersächsischen Landesarchiv (Staatsarchiv) in Aurich und in Oldenburg, in der Landschaftsbibliothek Aurich und in der Fachstelle der Upstalsboom-Gesellschaft geforscht und wurde dabei immer freundlich unterstützt. Ohne Zuhilfenahme des Internets, spezieller Onlinedatenbanken und digitalisierter Bücher wäre es schwierig geworden, so viel zu der alten Mühle und ihrer Müller herauszufinden.

Die in Ostfriesland für fast alle alten Kirchspiele veröffentlichten Ortssippenbücher bzw. Ortsfamilienbücher sind eine unschätzbare Hilfe für Familien- und Heimatforscher, so auch hier bei den Müllerfamilien.

Herr und Frau Schiefelbein, die aktuellen Eigentümer des Mühlengebäudes und ehemalige Wirtsleute der Mühlenwirtschaft, empfingen mich und meine Frau netterweise zu einem kleinen Gespräch bei Tee und Kuchen, so wie man es in Ostfriesland eben kennt. Sie erinnerten sich an die Feiern meiner Familie und erzählten uns, wie das vorerst letzte Kapitel der Mühle, seit sie als Gastwirtschaft diente, aussah.

Erich Neemann, der Sohn von Engelke Neemann, einem der letzten Müller, den ich durch Recherche im Internet in Ladbergen in Westfalen ausfindig machte, erteilte mir freundlicherweise am Telefon Auskunft über seine Kindheit in der Mühle und kopierte mir anschließend sogar eine Radierung der Mühle (Siehe Abb. 1), die er von seinem Vater, Müller Engelke Neemann, geerbt hatte. Der Künstler ist leider nicht zu entziffern.

Mit Helene Schmidt (geb. Heddens) aus Altschwoog habe ich gesprochen. Daniel Gruis, Johannes Kok und Johann Waterholter konnten mit ihren Erinnerungen ebenfalls etwas beitragen zur letzten Zeit des Mühlenbetriebes. Karl-Heinz Rönker aus Bremen verdanke ich die Fotos von den Familienfeiern, die er mir zur Veröffentlichung aufbereitete und zur Verfügung stellte.

Es waren immer wieder die vielen kleinen Puzzleteilchen an Informationen, die ich sammeln und einfügen konnte, so dass dann am Ende dieses Buch dabei entstand, obwohl der Umfang zunächst nicht so geplant war. Falls doch noch unrichtige Angaben gefunden werden, bitte ich schon mal um Verzeihung.

Für all die Unterstützung möchte ich mich recht herzlich an dieser Stelle bedanken.

Heino Kok

Inhaltsverzeichnis

Vorwort	5
Einleitung	7
Die Klostermühle im Spiegel bisheriger Veröffentlichungen	11
Stationen der Klostermühle und der Familien ihrer Müller	13
Von den klösterlichen Anfängen bis zur Erbverpachtung	13
Die Klostermühle wird 1699 in Erbpacht gegeben	15
Neubau einer Pelde- und Kornmühle als Erdholländer	19
Neubau der Klostermühle als einstöckiger Galerieholländer 1881	29
Das Ende der stolzen Mühle	37
Schlusswort	40
Zeittafel	41
Abbildungsverzeichnis	42
Quellen- und Literaturverzeichnis	43
Archivquellen	43
Kartenquellen	44
Onlinequellen	44
Literatur	46

Abbildung 1: Radierung der Klostermühle (Kopie Erich Neemann)

Einleitung

Die älteren Einwohner aus Nüttermoor und Umgebung kannten die Mühle sicher so, wie sie hier auf der Radierung dargestellt ist.

Bis zum Frühjahr 1947 war an der Bundesstraße 70, von Neermoor nach Leer, nach der Überquerung der Bahngleise vor Eisinghausen rechts am Weg zum Kloster Thedinga eine wunderschöne große Windmühle, ein Galerieholländer, weithin sichtbar, zu bestaunen. Sie wurde als „Klostermölen" oder „Klostermühle" bezeichnet.[1]

Leider brannte sie in der Nacht vom 10. auf den 11. März 1947 fast vollständig nieder[2]. Die mächtige Windmühle wurde nicht mehr neu aufgebaut. Lediglich der achteckige Mühlenstumpf aus Ziegelstein blieb erhalten und wurde überdacht. In diesem massiven Mühlenunterbau wurde dann später, über Jahrzehnte hinweg zunächst von der Familie Hemken mit dem Pächter Apfeld und dann von der Familie Schiefelbein eine Gaststätte betrieben, während der Rest des ehemaligen Mühlenhofgebäudes der Familie Schlüsselbein als Wohn- und Gewerbefläche diente.

Die Mühle bot erstaunlich viel Platz für Familienfeiern und ähnliche Veranstaltungen. Die Wände waren mit Holz getäfelt und die Fenster waren mit kleinen bunten Scheiben versehen. Die Tische waren hufeisenförmig angeordnet, so dass der/die Jubilar(in) in der Mitte saß.

Abbildung 2: Familienfeier 1985 zum 80. Geburtstag von Anna Gruis in der ehemaligen Mühle. Von links: Else Gruis, Bertha Mansholt, Anna Gruis, Alma Kok (Foto K. Rönker)

---

[1] OSB Nüttermoor, S. 468
[2] Nordwest-Zeitung 11.03.1947, S. 3

Abbildung 3: Der Wirt Schiefelbein mit meiner Familie. Von links: Heino Kok, Wirt Schiefelbein, Heinz Geers, Heyo Franzen, Anna Franzen, Johannes Kok, sen. (Foto K. Rönker)

Der heutige Wohnplatz „Klostermühle" mit drei Häusern in Leer, Ortsteil Nüttermoor, erinnert noch an den Standort der ehemaligen Mühle. Der Ort wurde 1823 als „Thedingaer Mühle" urkundlich erfasst und ist seit 1871 mit noch heute gültiger Bezeichnung dokumentiert[3].

Abbildung 4: Heutiger Zustand (2013) des Mühlenstumpfes

Jetzt sind von den ursprünglichen Gebäuden nur noch der achteckige Rumpf der Mühle und das modernisierte Vorderhaus des alten Mühlenhofes zu sehen. Der Rest ist durch

---

[3] Vgl. Von Aaltukerei bis Zwischenmooren, S.130, OL Nüttermoor, S. 2

neuere Bebauung ersetzt worden. Der Mühlenstumpf und das Vorderhaus dienen als Wohnraum für die Familie Schiefelbein, die übrigen Gebäude sind gewerbsmäßig genutzte Flächen für andere Eigentümer und Pächter. Die Außenmauern des Mühlenstumpfes sind neu ummauert und im oberen Teil zusätzlich bedacht und verkleidet.

Diese ehemalige „Klostermühle" gehörte einst zum Benedektinerkloster „Thedinga" und eine ihrer Vorgängerinnen wurde möglicherweise bereits im 15ten Jahrhundert erbaut, da zu der Zeit auch an anderen Orten in Ostfriesland erste Mühlen erbaut und erwähnt wurden[4]. Im Jahr 1424 wurde die erste Windmühle in Ostfriesland beim Kloster Mariental[5] in der Nähe von Esens erwähnt. Die Mönche der Zisterzienserabtei Kamp am Niederrhein gelten als die ersten Erbauer von Windmühlen in Deutschland.[6] Der erste Mühlenbau wurde dort laut Gleisberg bereits 1253 genehmigt.[7] Überliefert ist, dass der Abt Occo nach einem Brand im Jahre 1448 das Kloster Thedinga wieder neu aufbauen ließ und eine Windmühle in Jemgum sowie eine Ölmühle in Emden bauen ließ[8]. Leider ist diese Mühle dabei nicht erwähnt. Es ist also nichts aktenkundig aus der Klosterzeit, was aber nicht heißt, dass sie noch nicht vorhanden war, zumal sie damals schon außerhalb des Klosters stand und somit wohl nicht mit abgebrannt war.

Der hier noch erhaltene, untere Teil der letzten Klostermühle, der steinerne gemauerte Achtkant, stammt allerdings von einem 1881 neu erbauten Galeriehölländer[9] (Siehe Abb. 1).

Ursprünglich wird es sich bei der Klostermühle um eine Bockwindmühle gehandelt haben, den Mühlentyp, der in Deutschland seit dem 13. Jahrhundert[10] bekannt ist. Alle Holzverbindungen, die bei dieser Art Mühle gefügt werden mussten, waren kunstvoll erdacht und erforderten ein hohes Maß an handwerklichem Können. Diese Fähigkeiten gab es vor allem in den Klosterwerkstätten, die auch im Kloster Thedinga vorhanden waren.

Bei der Bockwindmühle stand das Mühlenhaus auf einem einzelnen dicken Pfahl (Hausbaum), der in einem unterhalb der Mühle befindlichen, hölzernen Gestell (Bock oder Kreuzwerk) senkrecht befestigt war. Auf dem Bock konnte der Mühlenkasten, im Volksmund Duuvkast[11] (Taubenkasten) genannt, vom Müller in den Wind gedreht werden. Es erforderte viel Mühe, den gesamten oberen Teil (Kasten mit Flügeln) an dem Außenbalken (Steert) in den Wind zu drehen. Dieser Vorgang wurde deshalb durch Flaschenzüge und Winden unterstützt[12].

Im 15. Jahrhundert wurden viele solcher Bockwindmühlen im ostfriesischen Raum gebaut und zum Mahlen von Korn verwendet. Dieser Mühlentyp wurde aufgrund holländischer Erfindungen im Mühlenbau nach und nach zunächst durch die Kokerwindmühle verdrängt. Diese kann als Weiterentwicklung der Bockwindmühle verstanden werden.

Bei ihr wurde nur noch ein kleiner Kasten oben auf dem höheren Unterbau der Mühle gedreht. Der geschlossene Unterbau ging hoch bis zu dem kleinen Kasten, der von unten

---

[4] Vgl. Krummhörner Mühlengeschichte, S. 2
[5] Vgl. Ebd.
[6] Vgl. Gleisberg, Technikgeschichte
[7] Vgl. Ebd.
[8] Vgl. OSB Nüttermoor, S. 467
[9] Vgl. Kleeberg, Mühlengeschichte, S. 348
[10] Vgl. Krummhörner Mühlengeschichte, S. 2, Vgl. Abels, Müller und Mühle
[11] Norzel/Weßling, Mühlenbuch, S. 21
[12] Vgl. Möhn, Fachsprache, S. 40, ff / Kleeberg, Mühlengeschichte, S. 31, ff

über den angebrachten langen Steert in den Wind gedreht werden konnte. Dieser Mühlentyp wurde hauptsächlich zur Entwässerung verwendet.

Als entscheidende Verbesserung der Mühlentechnik gilt die Kappenwindmühle, die sog. „Holländermühle", die über Holland ihre Verbreitung im 16ten Jahrhundert in Norddeutschland fand. Die ersten dieser Art waren als sog. „Erdholländer", auch Hockmühlen oder Grundsegler genannt, gebaut worden. Sie boten die Möglichkeit, dass ihre Flügel vom Boden aus zur Wartung erklommen werden konnten. Gedreht werden musste auch hier nur noch die Kappe mit den Flügeln.

Abbildung 5: Erhaltene Bockwindmühle, 1626 in Dornum erbaut (Foto Heino Kok 2013)

Abbildung 6: Typischer Erdholländer, 1802 in Altfunnixsiel erbaut (Foto K. Siereveld 2007)

Abbildung 7: Typischer mehrstöckiger Galerieholländer mit Windrose in Greetsiel (Foto Heino Kok 2013)

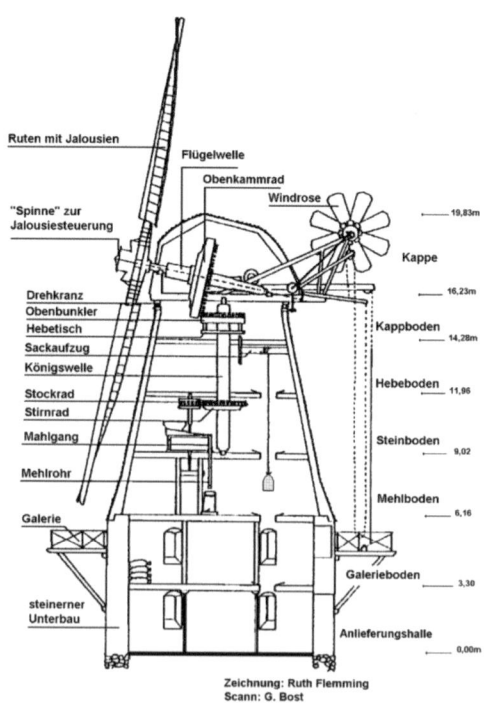

Abbildung 8: Schnittbildzeichnung der Britzer Mühle, Berlin (Gezeichnet von Ruth Flemming / Archiv Britzer Müller Verein http://www.windmill.de)

Eine Gefahr bestand allerdings darin, dass Menschen, Vieh und Gegenstände von den tief drehenden Flügeln erfasst werden konnten, mit teils schlimmen Folgen, wie Norzel/Weßling[13] berichten. Auch die Klostermühle war davon betroffen, wie später noch zu lesen ist. Da die alte Mühle nicht mehr wirtschaftlich betrieben werden konnte, wurde 1743 dem Müller der Klostermühle der Bau einer neuen Pelde- und Mehlmühle als Erdholländer genehmigt[14]. Als Peldemühlen wurden die Mühlen bezeichnet, mit denen die Gerste geschält (gepellt=gepeldet) wurde. Durch einen zusätzlichen Peldegang wurde das Pelden von Gerste ermöglicht. Diese Technik diente zur Graupenherstellung[15]. Graupen (auch als Rollgerste bezeichnet) hatten für die Ernährung damals eine hohe Bedeutung, da der Kartoffelanbau erst 1780 in Ostfriesland eingeführt wurde[16]. Die nahrhafte Knolle löste die Graupe (Gört) als Grundnahrungsmittel ab. Graupen wurden auf den Herden oder auf dem offenen Feuer der bäuerlichen Küchen mit Buttermilch zu einem dickflüssigen Brei (Karmelkbree) gekocht, einer nahrhaften und sättigenden Suppe. Graupengerichte kamen aber noch bis in die Nachkriegszeit in Ostfriesland häufig auf den Tisch. Sie kamen dann langsam aus der Mode und erleben momentan gerade eine Wiederentdeckung in der modernen Küche.

Im Jahre 1881 wurde die Klostermühle dann als einstöckiger Galerieholländer[17] (S. Abb. 1) neu erbaut, deren unterer aus Ziegelsteinen erbauter Teil bis etwas oberhalb der Höhe der ehemaligen Galerie heute noch übriggeblieben ist. Auch das Mühlenhaus wurde damals neu gebaut.

Bei den Galerieholländern war es durch die erheblich größeren Bauhöhen nicht mehr möglich, die Flügel oder den Steert zu erreichen, deshalb erfanden die Mühlenbaumeister in Holland den umlaufenden Balkon, Galerie genannt. Von dieser Galerie aus konnten die Flügel, der Steert und die Bremse gut bedient werden. Der Steert wurde später erst durch eine Windrose ersetzt. Dieses kleine Windrad, an der Kappe gegenüber dem Flügelkreuz angebracht, drehte sich solange, bis das Flügelkreuz passend gegen den Wind stand. Die Mühlentechnik im Inneren der Mühle mit Königswelle, Kammrädern, Mahlgang usw. ist jedoch nahezu dieselbe geblieben.[18]

Die Klostermühle im Spiegel bisheriger Veröffentlichungen

Die Klostermühle gelangte im Zuge der Säkularisierung (Verweltlichung) der Klöster, vermutlich schon ab 1528, in den Besitz des Grafenhauses von Ostfriesland. Onno Klopp berichtet, laut Kleeberg, im Jahr 1528 habe Graf Enno II. die Klostergüter bereits eingezogen. Endgültig bestätigt wurde der Besitz aber erst am 21. Mai 1611 im „Osterhusischen Akkord"[19]. Dort wurde auch das Kloster „Thedinga" genannt und somit indirekt auch die Mühle, denn sie gehörte zum Kloster, das ursprünglich auch noch zwei weitere Mühlen besaß, eine davon in Jemgum und eine Ölmühle in Emden. Ein genaues Datum über die Anfänge der Existenz der Klostermühle gibt es leider nicht, die Akten und Schriftstücke berichten erst ab dem 17. Jahrhundert.

Über die Geschichte der Klostermühle gibt es bisher vier veröffentliche Berichte. 1938 hat Ernst-August Becker einen Aufsatz über „Mühlenpächter und -besitzer zu Kloster

---

[13] Norzel/Weßling, Mühlenbuch, S. 21
[14] Vgl. Korte, Die Mühle / Becker, Mühlenpächter
[15] Vgl. Möhn, Fachsprache, S. 39: Hier wird sehr anschaulich das Pelden beschrieben.
[16] Vgl. Fock, Dor geiht doch noch wat!, S. 24
[17] Vgl. Kleeberg, Mühlengeschichte, S. 332
[18] Vgl. Ebd., S. 32
[19] Vgl. Ebd., S. 332

Thedinga von 1699 – 1938"[20] in der Ostfriesischen Tageszeitung vom 3. Feb. 1938 veröffentlicht. Das Thema wird von Wilhelm Korte noch einmal in einem Aufsatz über „Die Mühle beim Kloster Thedinga"[21] in „Der Deichwart", Weener, Nr. 38 von 1959 aufgegriffen, zusammengefasst und ergänzt. 1967 beschreibt Korte außerdem ausführlich die Auseinandersetzung des Thedingaer Müllers mit seinen Konkurrenten in Warsingsfehn, die dazu führte, dass dort erst 1807 eine Windmühle gebaut werden durfte.[22] Heiko Brüning schreibt in seiner Examensarbeit u. A. auch über die Geschichte der Klostermühle von Thedinga bis 1800[23].

Alle Autoren beziehen sich als Quellen auf Akten des Staatsarchivs Aurich[24]. Dabei geht es häufig um strittige Rechte der Mühlenpächter gegenüber ihren Konkurrenten. Nörzel/Weßling stellen dazu fest: „Etwa 80% aller Unterlagen über Mühlen und Mühlenrechte in den Archiven beruhen auf Streitigkeiten"[25] um diese Rechte. Das zeigt sich hier bestätigt. Weiterhin wird die Mühle noch in verschiedenen Werken über Mühlen in Ostfriesland erwähnt. In dem grundlegenden Werk über „Niedersächsische Mühlengeschichte" von Kleeberg[26] aus dem Jahr 1964 werden alle Mühlen in Niedersachsen aufgeführt, allerdings gibt es dort eine Unstimmigkeit, da einerseits über die „verschwundene Mühle" bei Kloster Thedinga berichtet wird, und andererseits über die 1881 neuerbaute Holländerwindmühle bei Nüttermoor. Als Vermutung wird dann aber richtigerweise bei der Mühle vom Kloster Thedinga hinzugefügt „Wahrscheinlich besteht ein Zusammenhang mit der Mühle in Nüttermoor"[27]. Offensichtlich war dem Autor nach Sichtung der Unterlagen des Landkreises Leer nicht klar, dass es sich um ein und denselben Standort handelte. Grund für diese Diskrepanz ist möglicherweise die Tatsache, dass dort 1964 bereits kein Windmühlenbetrieb, sondern nur noch ein Motormühlenbetrieb existierte und Kleeberg offensichtlich etwas ungenau informiert war. Ein umfassendes „Ostfriesisches Mühlenbuch" von Norzel/Weßling[28] beschäftigt sich mit Mühlentypen, Mühlentechnik, Mühlenrecht und Mühlenwesen in Ostfriesland. Hier finden sich zwei Hinweise auf die Thedingaer Mühle. Bei den Standorten der Mühlen von 1936-1952 ist einmal „Bei Kloster Thedinga" eine „Getreidemühle"[29] und beim Standort „Neermoor/Nüttermoor" eine „Klostermühle"[30] gelistet. Hier ist die gleiche Diskrepanz aufgetaucht wie bei Kleeberg. Leider fehlt dann in der Karte des Mühlenbestands von 1989 bei Norzel/Weßling jeglicher Hinweis auf den ursprünglichen Platz der Klostermühle bei Nüttermoor. Dieter Möhn bietet in seinem Buch „Die Fachsprache der Windmüller und Windmühlenbauer"[31] eine genaue Übersicht über die Windmühlenverbreitung in Ostfriesland vom 16. bis zum 18. Jahrhundert. Außerdem werden alle Mühlen im Jahre 1754 nach ihrer Funktion und nach ihrer rechtlichen Qualität aufgelistet. Dort finden wir auch die Mühle vom Kloster Thedinga in der Rentei Leer wieder. In der Denkmalschutzkartei für Mühlen der Ostfriesischen Landschaft ist sie allerdings wiederum nicht gelistet, da sie eben nicht unter Denkmalschutz steht.[32]

---

[20] Becker, Mühlenpächter
[21] Korte, Die Mühle
[22] Korte, Thedingaer Müller protestierte
[23] Brüning, Mühlen im Amt Leer, S. 82, ff
[24] Sta. A., Rep. 6, Nr. 12103, Vol II
[25] Norzel/Weßling, Mühlenbuch, S. 9
[26] Kleeberg, Mühlengeschichte
[27] Ebd., S. 332
[28] Norzel/Weßling, Mühlenbuch
[29] Ebd. S. 117
[30] Ebd. S. 118
[31] Möhn, Fachsprache, S. 12, ff
[32] Popken, Denkmalschtzkartei

Der oben erwähnte Aufsatz von Becker über die Mühle beim Kloster Thedinga wird im Ortssippenbuch Nüttermoor[33] von Wilhelm Lange übernommen. Auch Gerhard Kronsweide[34] berichtet in seinen Beiträgen für die Festschrift des Mühlenvereins Jemgum u. a. über die Mühle bei Thedinga und bezieht sich dabei ebenfalls im Wesentlichen auf den Aufsatz von Becker aus dem OSB Nüttermoor. Über die Zeit nach 1870 ist in den genannten Aufsätzen wenig zu finden, so dass hier noch einiges nachzuliefern ist. Eine weitere Quelle waren dafür u. a. die Akten der Mühlenbrandsozietät[35], die Unterlagen der Ostfriesischen Landschaft mit dem Verzeichnis der Windmühlen im Landkreis Leer sowie die im Internet veröffentlichten Publikationen des Emder Mühlenvereins.

Die Ortssippenbücher Amdorf, Detern, Jemgum, Nüttermoor, Neermoor, Nortmoor, Loga, Leer (lutherisch), Leer (reformiert), Tergast und Veenhusen dienten u. a. als Quellen für die verschiedenen Familien, die als Pächter, Müller und Besitzer der Mühle genannt werden. Hilfreich für die Suche nach Müllerfamilien waren die Datenbanken von ancestry.de und ancestry.com. Im folgenden Teil dieser Veröffentlichung werden die Stationen der Mühle und die der Müllerfamilien beschrieben.

Stationen der Klostermühle und der Familien ihrer Müller

Von den klösterlichen Anfängen bis zur Erbverpachtung

Abbildung 9: Ausschnitt aus Ostfriesland-Karte von Ubbo Emmius 1599[36]

In der Ubbo Emmius-Karte von Ostfriesland für das späte 16te Jahrhundert ist bereits der Standort der Klostermühle neben dem Kloster „Theding" eingezeichnet, ein Indiz

---

[33] OSB Nüttermoor, S. 468, ff
[34] Kronsweide, Peldemühle in Jemgum, S. 63, ff
[35] Dep. 71, Nr. 31
[36] Ubbo Emmius Karte

dafür, dass sie dort wohl schon länger als Mühle für das Kloster Thedinga vorhanden war. Auch Möhn und Brüning gehen durch diese Eintragung davon aus, dass sich mit hoher Zuverlässigkeit dort schon vor 1590 bzw. 1595 eine Mühle befunden hat, da für diese Karte umfangreiche Vorerhebungen durch Emmius gemacht wurden[37]. Als weitere Mühlen im damaligen Moormerland gab es laut Karte zwei in Leer, dann je eine bei Filsum bzw. Wisch und bei Detern, beim Kloster Barthe soll es sogar mal zwei gegeben haben[38]. Vermutlich hat die Klostermühle schon während der Zeit des Wiederaufbaues des Klosters (1448) existiert. Belege gibt es dafür allerdings nicht.

Im OSB Nüttermoor findet sich als erster genannter Müller Johann Dircks, verheiratet mit seiner Frau Gretchen. Er ist für das Jahr 1624 dort verzeichnet als „Müller zu Thedinga"[39]. Zitiert wird im OSB das Armenrechnungsbuch von Nüttermoor: „5.12.1624 empfangen Johann Dircks Müller zu Thedingen seiner frawen Gretchen legat[40] 3 G. [drei Gulden A. d. V.]"[41]. Damit ist er vorläufig der erste nachgewiesene Müller der Klostermühle. Er wird sicher als Pächter gearbeitet haben. Das Pachtgeld bzw. den Heuerzins zog damals das Grafenhaus in Aurich ein. Da im OSB keine Nachfahren genannt werden, gibt es keinen direkten Hinweis auf seinen Nachfolger. Als weiterer nachgewiesener Pächter wird der im Jahre 1638 genannte Gerdt Janssen als Müller[42] von Becker aufgeführt. Nach den Regeln der patronymischen Namensgebung könnte Gerdt natürlich auch der Sohn von Johann (also Janssen) sein, das kann aber nur als Vermutung gelten. Als dessen Nachfolger wird der dann im Jahre 1649 erwähnte Geertjen Alberts[43] aufgeführt.

Es muss sich damals schon um eine recht alte baufällige Bockwindmühle aus Holz gehandelt haben. Eine Aktennotiz des Amtmannes von Leer aus dem Jahr 1662 wird u. a. von Korte zitiert, danach wird die Thedinger Mühle als „breßhaft und baufellig"[44] bezeichnet. Die Regierung in Aurich ordnete deshalb im Jahre 1662 an, dass die Mühle in einen guten Zustand zu bringen sei. Die Kosten dafür wurden auf über fünfzig Reichstaler geschätzt[45], aber das war dem Landesherrn wohl zu teuer[46], er unternahm nichts zum Erhalt der Mühle. Sie sollte weiter ohne notwendige Reparaturen in Pacht gegeben werden.

Im OSB Nüttermoor wird dann Berent Janssen (*...-†7. Mrz. 1722 Nüttermoor) vom Kloster Thedinga, verheiratet am 3. Sept. 1686 mit Intet Hemmen (* Velde, †26. Jan. 1715 Nüttermoor) als „1694: gewesene Müller int Thedinger Closter"[47] aufgeführt. Er könnte demzufolge von ca. 1686 bis 1694 dort als Pächter gearbeitet haben. Erwähnt wird auch noch ein „Berend, de Dienstknecht van Berend Janssen, gewesene Muller int Thedinger Clooster"[48], der am 21. Apr. 1694 gestorben war.

Berent Janssen hat Intet Hemmen aus Velde am 3. Sept. 1686 in Nüttermoor geheiratet. Sie verstarb am 26. Jan. 1715 in Nüttermoor.

---

[37] Vgl. Möhn, Fachsprache, S. 11, Brüning, Mühlengeschichten Leer, S. 82
[38] Vgl. Möhn, Fachsprache, S. 11
[39] OSB Nüttermoor, Nr. 510, S. 93
[40] Legat: Vermächtnis, Zuwendung
[41] OSB Nüttermoor, Nr. 510, S. 93
[42] Becker, Mühlenpächter
[43] Vgl. Ebd.
[44] Vgl. Korte, Die Mühle
[45] Vgl. Ebd.
[46] Vgl. Becker, Mühlenpächter
[47] OSB Nüttermoor, Nr. 1342, S. 228
[48] Ebd.

Kinder von Berent Janssen und Intet Hemmen:
  i. Jannetje Berens, *: 5 Aug 1687 in Nüttermoor, †: 9 Feb 1693 in Nüttermoor.
  ii. Hemme Berens, *: 19 Nov 1688 in Nüttermoor , †: 11 Nov 1751 in Nüttermoor, ∞: Teelke Hinrichs, 26 Apr 1719 in Nüttermoor.
  iii. Taelke Berens, *: 3 Nov 1690 in Nüttermoor, , †: 10 Feb 1693 in Nüttermoor.
  iv. Janntjen Berens, *: 7 Sep 1695 in Nüttermoor.
  v. Jan Berens, *: 6 Jan 1698 in Nüttermoor, †: 7 Mai 1710 in Nüttermoor.
  vi. Taelke Berens, *: 2 Okt 1704 in Nüttermoor.

Vermutlich als letzter Zeitpachtmüller war nach 1694 Wyart Hinrichs (*12./13. Jan. 1664 Nüttermoor, † vor 27. Okt. 1751) auf der Klostermühle tätig. Er war verheiratet mit Teelke Steffens (*..., †23. Feb. 1718 Nüttermoor) und wird im OSB Nüttermoor als „Müller" bezeichnet[49]. Seine Eltern (Hindrik Wierts (Weyarts), † 4. Feb. 1706 ∞ Acke, †vor 15. Mai 1666) wohnten im Kloster („int Clooster"[50]).

Die Klostermühle wird 1699 in Erbpacht gegeben

Es ließ sich zu den Pachtbedingungen kein Nachfolger für die reparaturbedürftige Bockwindmühle mehr finden. Im Jahre 1699 schließlich erhielt Albert Poppen (*...-†1721 Nüttermoor)[51] "Unsere bey dem Kloster Thedinga stehende Alte Baufällige Wind-Mühle und Mühlenhaus"[52] vom ostfriesischen Grafen Christian Eberhard von Ostfriesland (1665-1708) in Erbpacht[53]. Diese andere Form der Verpachtung bestand in einem lebenslangen, vererbbaren Pachtrecht.[54] „Poppen musste sich verpflichten, die Mühle zu unterhalten, und etwaige Reparaturen selbst auszuführen, sowie bei Zerstörung durch Feuer oder Sturm die Mühle wieder aufzubauen"[55], stellt Brüning fest. Als Gegenleistung für den hohen Renovierungs- und Unterhaltsaufwand erhielt Poppen eine Mühlenkonzession mit einem exklusiven Mahlrecht für einen großen Bezirk, den andere Müller nicht bedienen durften.[56] Wie oben auf der Karte eingezeichnet, waren die nächsten Mühlen zwar in Leer, aber die anderen waren weiter entfernt, so dass er einen großen Bereich abdecken konnte.

Poppen zahlte laut Korte „um das Jahr 1700 jährlich vierzig Reichstaler Erbpacht"[57]. Wenn die Pacht drei Jahre in Rückstand geraten sollte, würde die Mühle zurück an den Grafen fallen[58].

In der folgenden Karte des Pachtvertrags für das Kloster Thedinga zwischen Harmen Dirks (Stammvater der Familie Thedinga) und dem Ostfriesischen Grafenhaus aus dem Jahr 1711[59] ist der Mühlenstandort eingezeichnet. Oben sieht man die Häuser von Kloster Thedinga und unten ist das Moor (Moras) angedeutet. Die Mühle (mit Kreis gekennzeichnet) war zwar nicht Bestandteil dieses Vertrages, hier ist aber gut zu erkennen, dass der Standort der Mühle auch damals schon am Weg von Leer nach Neermoor lag. Es ist die Stelle, an der sich heute noch der Mühlenrest befindet, damit ist auch klar, dass die Annahme von Brüning, die alte Bockmühle hätte näher am Kloster gestanden, wider-

---

[49] OSB Nüttermoor, Nr. 1230, S. 216
[50] Ebd., Nr. 2805, S. 419
[51] Ebd., Nr. 2155, S. 344
[52] nach Becker, Mühlenpächter
[53] Vermutlich stand das Mühlenhaus aber eher im Kloster und nicht direkt neben der Mühle, da in den Karten nur die Mühle eingezeichnet war und als Wohnort bis 1743 Kloster Thedinga genannt wird.
[54] Über das Mühlenrecht in Ostfriesland berichten Norzel/Weßling ausführlich im Mühlenbuch, S. 77, ff
[55] Brüning, Mühlengeschichten Leer, S. 82
[56] Vgl. Korte, Die Mühle
[57] Korte, Die Mühle / Becker, Mühlenpächter
[58] Vgl. Brüning, Mühlengeschichten Leer, S. 82
[59] Erbpachtbrief für Harmen Dirks über Kloster Thedinga und die zugehörigen Ländereien (1711), Rep. 4, B 2 n, Nr. 371

legt⁶⁰. Als Wohnort der Müllerfamilien wird aber laut OSB Nüttermoor bis 1743 „Kloster Thedinga"⁶¹ angegeben. Erst danach wird Klostermühle auch als Wohnplatz genannt. Wahrscheinlich war bis 1743 das Wohnhaus der Müllerfamilie noch im Kloster.

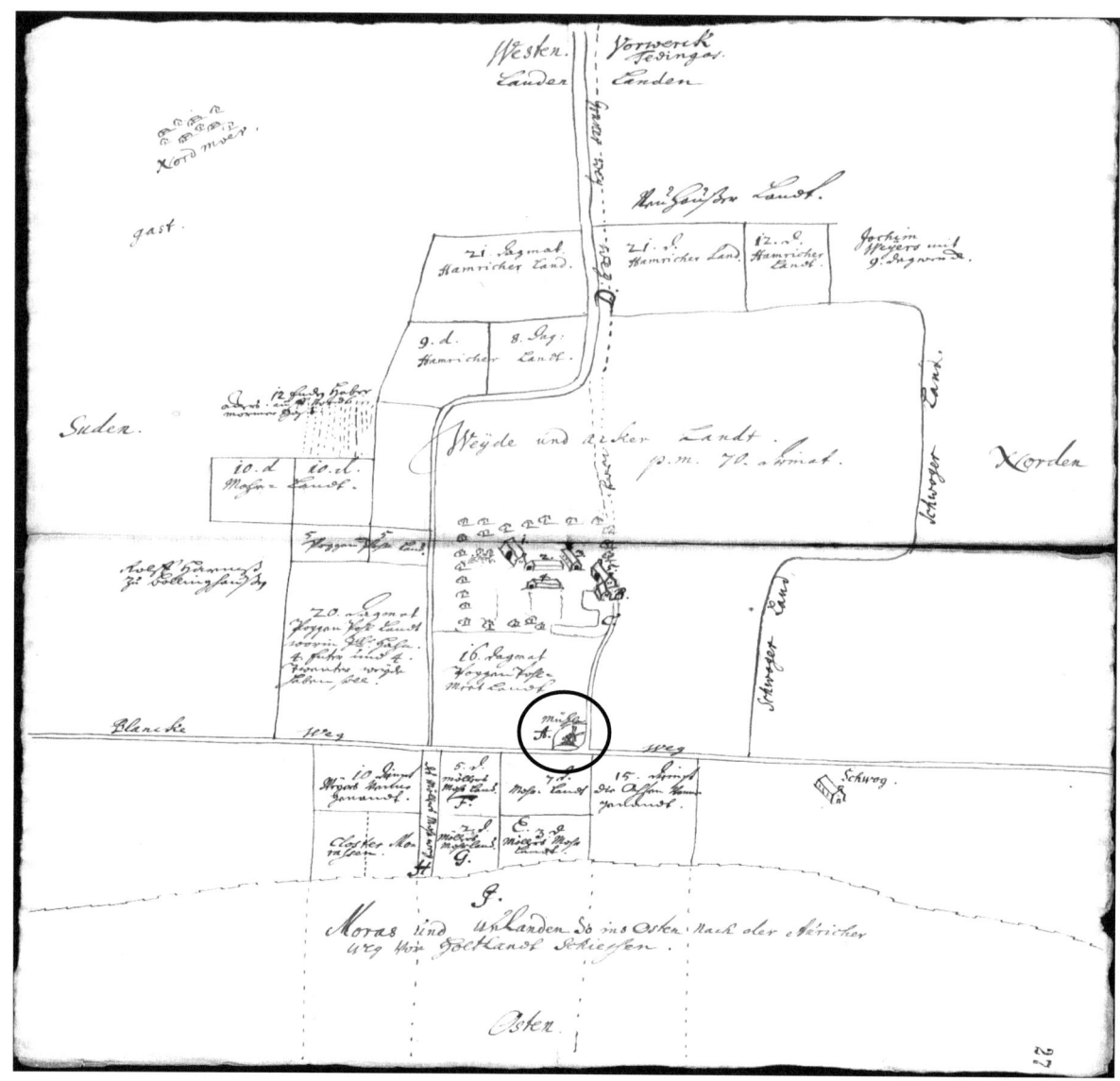

Abbildung 10: Kartenausschnitt mit Mühle von 1711⁶²

Albert Poppen wird im OSB Nüttermoor als „Müller int' Thedinger Kloster"⁶³ genannt. Er hatte Eyke Hinrichs am 16. Dez. 1694 in Neermoor geheiratet. Sie verstarb bereits am 7. Jul. 1711 in Kloster Thedinga. Albert heiratete 1712 in zweiter Ehe Ettje Berends, so berichtet das OSB Nüttermoor „8 Tage nach Ostern hat sich Albert Poppen Müller, nachdem Seine vorgewesene Frau Eyke Hinrichs den 7. July vorigen Jahres gestorben, sich mit seiner Isigen Frau Ettje N. [soll wohl B. heißen, A. d. V.] zu Leer in eines Bürgers Behausung von dem Pastoren Oberländer von Breinermoor copulieren lassen."⁶⁴ Albert verstarb am 8. Apr. 1721 in Kloster Thedinga.

---

⁶⁰ Vgl. Brüning, Mühlengeschichten Leer, S. 82, f
⁶¹ Vgl. OSB Nüttermoor
⁶² Kopie aus Erbpachtbrief für Harmen Dirks über Kloster Thedinga und die zugehörigen Ländereien (1711), Rep. 4, B 2 n, Nr. 371 (Mit Erlaubnis des Niedersächsischen Landesarchivs-Aurich)
⁶³ OSB Nüttermoor, Nr. 2155, S. 344
⁶⁴ Ebd.

Kinder von Albert Poppen und Eike Hinrichs:
- i. Taelke Albers, *: 1 Nov 1695 in Kloster Thedinga,†: 11 Nov 1695 in Kloster Thedinga.
- ii. Poppe Albers, *: 22 Feb 1697 in Kloster Thedinga, †: 19 Mrz 1708 in Kloster Thedinga
- iii. Hinderck (Hinrich) Albers, *: vor Nov 1699 in Kloster Thedinga, †: 6 Jan 1778 in Kloster Thedinga.
- iv. Jan (Johann) Albers, *: 1700-1707, †: 13 Jun 1782 in Kloster. Beruf: Müller vom Kloster Thedinga.
- v. Gretje Albers, *: 21 Nov 1708 in Nüttermoor, ∞:Hinderk Feldhuis, 7 Jun 1733 in Nüttermoor.

Kinder von Albert Poppen und Ettje Berends:
- i. Eyke Albers, *: 30. Nov 1712 in Kloster Thedinga, †: 14 Dez 1712 in Kloster Thedinga.
- ii. Gesche Albers, *: 25 Nov 1713 in Kloster Thedinga,†: 29 Nov 1713 in Kloster Thedinga.
- iii. Taelke Albers, *: 30. Aug 1714 in Kloster Thedinga, †: 20 Nov 1725 in Kloster Thedinga.
- iv. Berend Albers, *: 25 Mai 1717 in Kloster Thedinga, †: 9 Jul 1717 in Kloster Thedinga.
- v. Gesche Albers, *: 9. Dez 1718 in Kloster Thedinga, †: 23 Dez 1718 in Kloster Thedinga.

Im Jahr 1717 hatte Albert seine Pacht nicht rechtzeitig bezahlen können. Er musste nach Aurich wegen seiner rückständigen Zahlungen. Er verteidigte sich mit der Begründung, dass er wiederholt versucht habe, den Amtmann in Leer anzutreffen, diesen aber nicht vorgefunden und sein Pachtgeld wieder habe mitnehmen müssen. Für diese Behauptung benannte er auch Zeugen[65]. Die Jahre von 1710-1718 waren eine schwere Zeit für die Familie, 1711 verstarb die erste Frau, die Kinder aus der zweiten Ehe starben fast alle nach kurzer Zeit. Es war wohl auch eine Folge der allgemein katastrophalen Situation im damaligen Ostfriesland.

Schon der Winter 1710 war ungewöhnlich kalt gewesen, so dass die Wintersaat erfror[66]. Deshalb wurde das Korn zur Mangelware. Die Pest kam 1712[67] ins Land und viele Menschen wurden dahingerafft. Die Fastnachtsflut von 1715 hatte die ostfriesischen Deiche zunächst mächtig beschädigt. In den Jahren 1715 und 1716 kam es dann zu diversen Viehseuchen, die zu erheblichen Verlusten führten[68]. Außerdem kam 1716 noch eine heftige Mäuseplage hinzu[69]. Die Mäuse minderten den Ernteertrag erheblich. Obendrein kam dann die verheerende Weihnachtsflut vom Dezember 1717 mit über 2700 Toten allein in Ostfriesland[70]. Die Flut hatte zwar in der Gegend um Nüttermoor keine so großen Schäden verursacht[71], allerdings ertranken doch etliche Tiere im Amt Leer, 7% der Rinder, ca. 3% der Pferde und 5,3 % der Schafe[72]. Es herrschte an der ganzen Küste eine erbarmungslose Not. Das Getreide war zum großen Teil durch Überschwemmung vernichtet, so dass auch weniger angebaut und gemahlen werden konnte[73]. Viele Krankheiten breiteten sich aus. Zerstörte Deiche konnten nicht so schnell wieder aufgebaut werden. Landwirtschaftliche Flächen standen deshalb teilweise über Jahre hinweg immer wieder unter Wasser[74].

Das Fürstenhaus in Aurich beschloss damals, eine Steuererhebung durchzuführen, um damit die Schäden zu bezahlen. Es wurde aber ein Fehlschlag, da die Menschen kaum Geld aufbringen konnten. Dieser „Kopfschatzung" verdanken wir aber die Listen aus al-

---

[65] Vgl. Korte, Die Mühle
[66] Vgl. Sturmflut 1717, S. 98
[67] Vgl. Ebd.
[68] Vgl. Ebd., S. 197
[69] Vgl. Ebd.
[70] Vgl. Ebd., S. 57, ff
[71] Vgl. OSB Nüttermoor, S. 471
[72] Vgl. Sturmflut 1717, S. 67
[73] Vgl. Ebd., S. 71, ff
[74] Vgl. Ebd., S. 112, ff

len Dörfern mit der namentlichen Erwähnung aller Haushaltsvorstände sowie ihrer Familienangehörigen und Bediensteten. Kinder unter 12 Jahren wurden nicht mitgezählt. In der Kopfschatzung von 1719 ist für das Thedinger Kloster verzeichnet: „Der Müller wird Albert Poppen, die Frau Ettje Behrends genannt, haben 3 Kinder, mit Nahmen Hinrich, Teelke und Johann Albers"[75]. Die anderen Kinder waren bereits verstorben. 1721 starb Albert Poppen, seine Tochter Teelke starb 1725.

Um 1740 war der Sohn Hinderk (Hinrich) Alberts Müller in Kloster Thedinga[76]. Er wird im OSB Nüttermoor als „Müller" bezeichnet. Sein unverheirateter Bruder Jan Albers wird dort auch „Mulder"[77] genannt, aber er erbte nicht die Mühle, sondern arbeitete wohl dort für seinen Bruder Hinderk.

Hinderk (Hinrich) Albers hat am 11. Mai 1731 in Nüttermoor Margaretha Elsabena Klinkhammer geheiratet. Sie wurde im Jahr 1707 in Rhaude geboren. Sie verstarb am 3. Januar 1795 in Klostermühle. Hinderk Albers wurde als Nachfolger seines Vaters Erbpächter der Klostermühle und als "Mulder van het Kloster Thedinga"[78] im OSB Nüttermoor bezeichnet.

Kinder von Hinderck (Hinrich) Albers und Margaretha Elsabena Klinkhammer:

    i.   Albert Hinrichs, *: 17 Apr 1732 in Kloster Thedinga †: 25 Nov 1736 in Kloster Thedinga.
    ii.   Johannes (Jannes) Hinrichs (Müller), *: 24 Aug 1733 in Kloster Thedinga, †: 6 Jul 1797 in Klostermühle, ∞: Moderke Dirks Schmertmann, 5 Apr 1763; auch 13.05.1763.
    iii.   Eicke (Eeke) Hinrichs, *: 16 Feb 1736 in Kloster Thedinga, †: 29 Nov 1736 in Kloster Thedinga.
    iv.   Albert Hinrichs, *: 22 Okt 1737 in Kloster Thedinga.
    v.   Fentje (Fenne) Hindriks, *: 1740 in Kloster Thedinga, †: 20 Aug 1763 in Rorichmoor, ∞: Emme Garrelts, Apr 1761.
    vi.   Eeke Hinrichs, *: 29 Apr 1744 in Kloster Thedinga, †: 25 Dez 1761 in Kloster Thedinga.

Der Sohn Johannes (Jannes) Hinrichs wird im OSB Nüttermoor zwar nicht direkt als Sohn von Hinderk Albers geführt, wird aber an anderer Stelle als „Mulder van Thedinga"[79] aufgeführt. Über die Situation der Mühle damals urteilt Korte: „Mit ihrem weiten Mahlbezirk hatte die Thedinger Mühle zweifellos eine gute wirtschaftliche Grundlage. Selbst Einwohner aus Ayenwolde und Hatshausen, den Kirchspielen Neermoor, Veenhusen und den Deichbezirken mussten in Thedinga mahlen lassen."[80] Es wurde wiederholt über die Zuständigkeit benachbarter Mühlen gestritten.

So z. B. beschwerte sich Vater Hinrich Albers im Jahr 1740 über den Inhaber der Oldersumer Mühle, weil der die Einwohner von Rorichmoor und Neermoor billig beliefere. 1742 beschwerte er sich wieder bei der Regierung in Aurich über einen neuen Konkurrenten. „Der Bäcker und Brauer Garrelt Emmen zu Warsingsfehn beabsichtigte, eine kleine, im Amt Stickhausen gekaufte Windpeldemühle aufzubauen, ein Vorhaben, gegen das sich Albers nachdrücklich zur Wehr setzte"[81]. Er bemühte sich erfolgreich, diesen Mühlenbau und auch andere zu verhindern.

---

[75] Kopfschatzung 1719, S. 308
[76] Vgl. Becker, Mühlenpächter
[77] OSB Nüttermoor, Nr. 52, S. 24
[78] Ebd., Nr. 41, S. 22
[79] Ebd., Nr. 1177, S. 207
[80] Korte, Die Mühle
[81] Ebd.

Neubau einer Pelde- und Kornmühle als Erdholländer

Hinrich Albers plante Anfang der 1740er Jahre die alte Bockwindmühle durch eine neue zu ersetzen. Er erhielt dann 1743 die Erlaubnis vom letzten Grafen von Ostfriesland, Carl Edzard (1716-1744), auf seine Kosten in Kloster Thedinga eine neue Mühle[82] (Pelde-, Gast- und Mehlmühle)[83], zu erbauen. Da es im allgemeinen üblich war, dass die Regierung als Besitzerin der Mühle das sogenannte "stehende Werk" baute und unterhielt, Albers aber nunmehr die Erlaubnis zum Bau einer Privatmühle erhielt, wurde ihm erlaubt, „eine neue „Pelde- und Mehlmühle an einer „unnachteiligen Stelle[84]", jedoch vorerst ohne „Schwichstelle""[85], auf eigene Kosten zu errichten. Also eine Mühle zum Pelden und zum Mehl mahlen, ohne Galerie (Schwichstelle[86]). Deshalb ist sicher, dass es sich dabei um eine Erdholländermühle (auch Hockmühle[87]) gehandelt haben muss. Die neue Mühle sollte viele Funktionen erfüllen können. Albers sollte die erforderlichen Mühlsteine selber anschaffen. Die Einbringung dieser Mühlsteine in die Peldemühle Kloster Thedinga ist dokumentiert[88]. Auf den Mühlsteinen sollten Pelde, Gerste, Perlen Gerste, Grütze und auch Buchweizen zu mahlen sein[89].

Albers sah voraus, dass man bald auf den benachbarten Fehnen und Moorkolonien Mühlen errichten würde. Der klammen, fürstlichen Regierung schlug er deshalb vor, dass er bereit wäre, „eine jährliche Erbpacht von achtundvierzig Reichstalern zu zahlen"[90], sofern seine Mühle weiter mit einem Exklusivrecht ausgestattet werde. Er bestand aber darauf, dass die Regierung ihm bestätigte, „dass sie in den nächsten dreißig Jahren keine Bauerlaubnis für eine Peldemühle in Ayenwolde, Hatshausen, Neddermohr [Neermoor A. d. V.], Rorichmohr, Bollinghausen, Nüttermohr und Veenhusen erteilen würde"[91]. In der Praxis bedeutete dieses, dass in den genannten Dörfern keine Windmühle errichtet werden durfte. Dieses Verbot sollte sich selbstverständlich auch auf die um Kloster Thedinga herum liegenden Ortschaften und Gemeinden erstrecken. Korte schreibt: „Die fürstliche Behörde ließ sich [erst 1743 A. d. V.] auf dieses Geschäft ein, nachdem sich Albers zur Zahlung einer jährlichen Erbpacht von fünfzig Reichstalern bereit erklärt hatte."[92]

Damit reichte seine Mühlengerechtigkeit bis in das benachbarte Amt Aurich hinein, ein Vorteil besonderer Art, den es zu erhalten galt. Durch Albers Einspruch konnte erreicht werden, dass der Domänenrat Warsing im Jahre 1754 nur eine mit Pferden betriebene Rossmühle in Rorichmoor bauen durfte. Erst sehr viel später gelang es, dort eine große Windmühle zu errichten. Dazu ist bei Korte eine genauere Darstellung zu finden[93].

---

[82] Becker, Mühlenpächter
[83] Die Mühle, S. 16
[84] Brüning leitet daraus ab, dass die Mühle erst 1743 an der Straße von Leer nach Nüttermoor angesiedelt wurde. Er verortet die alte baufällige Bockwindmühle direkt auf dem Klostergelände. Dagegen spricht allerdings die Eintragung in der Karte von 1711. Mit „unnachteiliger Stelle" kann auch eine geringfügige, windgünstigere Veränderung des Standortes gemeint sein. Vgl. Brüning, Mühlen im Amt Leer
[85] Korte, die Mühle
[86] Schwichstelle bzw. Schwichstellgen ist die Fachbezeichnung für die Galerie. Vgl. Möhn, Fachsprache, S. 44. Von der Schwichstelle aus konnte man die Mühle schwichten, also stillstellen (beschwichtigen), Vgl. Abels, Müller und Mühle
[87] Korte, Die Mühle
[88] Sta. A., Dep. 1, Nr. 3008
[89] Brüning, Mühlen im Amt Leer, S. 82
[90] Korte, Die Mühle
[91] Becker, Mühlenpächter
[92] Ebd.
[93] Vgl. Korte, Thedingaer Müller protestierte

Im Jahre 1744, nach dem Tod von Carl Edzard, wurde Ostfriesland eine preußische Provinz[94]. Die Landeshauptstadt Aurich blieb Sitz der Behörden des Landes, erhielt fortan eine Kriegs- und Domänenkammer und wurde Regierungssitz der „preußischen Provinz Ostfriesland". Es gab Überlegungen, das geltende Mühlenrecht zu ändern und den anderen Provinzen Preußens anzugleichen. Dazu veranlasste die „Preußische Kriegs- und Domänenkammer" eine Mühlenaufstellung für ganz Ostfriesland[95]. In dieser Erhebungsliste über die Mühlenarten und -standorte aus dem Jahr 1754 ist auch die „königliche Erbpachtmühle Klostermühle" als „Roggenmühle mit Peldegang"[96] aufgelistet.

Der Krieg, der seit 1756 zwischen Preußen, Großbritannien und Hannover einerseits und Frankreich, Österreich und Russland andererseits (bekannt als „Siebenjähriger Krieg") geführt wurde[97], erforderte hohe finanzielle Aufwendungen. Preußen war bestrebt, diese Ausgaben durch zusätzliche Besteuerungen sicherzustellen. Es wurden also erneut Steuerlisten[98] erstellt, welche nahezu alle Einwohner in Ostfriesland mit ihren Vermögensverhältnissen und den im Haushalt lebenden Personen erfassten. In dieser Erhebung der „Kopfschatzung von 1757" für das Dorf Nüttermoor wird ein „Hinderich Albers"[99] als Müller in Thedinga aufgeführt. Er wird als mittelmäßig situiert eingeschätzt. Er lebe „mit Frau und drei Kinder[n], das jüngste eben 12 Jahre, doch alle zeit kränklich"[100]. Ein Knecht arbeite für ihn. So gesehen ging es der Müllerfamilie noch verhältnismäßig gut, allerdings sind von den Kindern nur noch Sohn Johannes (Jannes) und die Töchter Fenne und Eeke am Leben. Zu dieser Zeit also bietet die neue Mühle mit dem neuen Mühlenhaus für die Familie dank der neuen Möglichkeiten und Mühlenrechte eigentlich eine sichere Lebensgrundlage. Die Lebensumstände in Ostfriesland sind aber allgemein in den Jahren 1757 bis 1761 noch vom Durchzug der verschiedenen Kriegsmächte des o. g. Siebenjährigen Krieges geprägt, dabei kommt es auch zu einzelnen Plünderungen, hauptsächlich im Rheiderland. Die Kriegsschäden sollten von der preußischen Regierung durch wirtschaftliche Förderung in Ostfriesland ausgeglichen werden. Die Förderung der Landwirtschaft und die Verbesserung der Pferdezucht wurden in Angriff genommen. In den 1780ern erfolgte die Förderung des Kartoffelanbaues, damit konnte die Ernährung entscheidend verbessert werden, hatte aber für die Mühlenbetriebe langfristige negative Folgen, wie später zu lesen sein wird. Es wurden schon vorhandene Postverbindungen geordnet und verbessert, sowohl zu Wasser als auch zu Lande. Die Postlinien führten von Emden nach Leer und nach Aurich, also direkt am Mühlenstandort entlang. Die Wirtschaftskraft wuchs und der Wohlstand damit auch[101].

In dem Kartenausschnitt von 1755[102] ist die Lage der „Closter-Mühlen" am Weg von „Laer" (Leer) nach Neermoor gut zu erkennen. Auch das 1743 neu errichtete Mühlenhaus sieht man deutlich. Links befinden sich Nüttermoor, das Kloster Thedinga, unten Bollinghausen mit Eisinghausen mit der von Herrn von Rheden[103] angelegten Allee. Oben rechts ist das „Thedinger und Nüttermoormer Morasten" eingezeichnet. Die Karte zeigt

---

[94] Vgl. Klopp, Geschichte Ostfrieslands, S. 410, ff
[95] Vgl. Möhn, Fachsprache, S. 12, f
[96] Ebd., S. 14
[97] Vgl. Klopp, Geschichte Ostfrieslands, S. 30, ff
[98] Vgl. Kopfschatzung 1757, S. VII
[99] Ebd., S. 195
[100] Ebd.
[101] Vgl. von Unruh, Der Landkreis Leer, S. 64
[102] Ebd.
[103] Gemeint ist hier Onko von Rehden (*9.7.1717, †3.4.1752), Eigentümer des Gutes Bollinghausen und dreier kleiner Höfe (Herde), sowie des großen Hofes (Herdes) samt Ländereien in Eisinghausen und Mooräcker, Vgl. OSB Nüttermoor, S. 596, f; S. 610, f

auch die „Mohr Aecker" (Mooräcker) mit dem „Dỹkel" (Diekeldamm[104]), der das Moorwasser abhalten sollte[105].

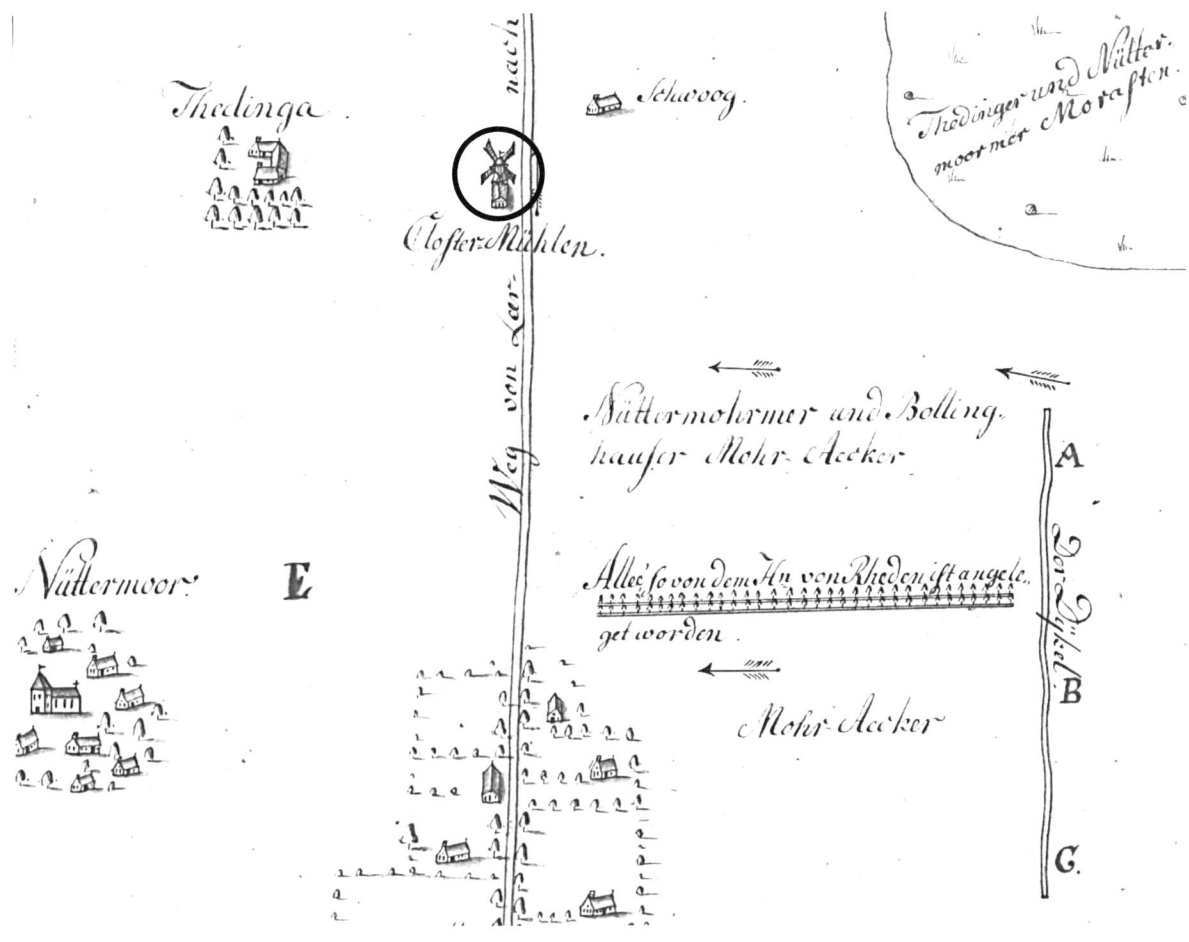

Abbildung 11: Kartenausschnitt um 1755[106]

Der Streit um die Zuständigkeit der Mühle setzt sich bald weiter fort. Becker weiß zu berichten, dass die Einwohner von Heisfelde 1768 nach dem Willen der Obrigkeit in Aurich ihr Korn in Leer mahlen lassen sollten. „Die Einwohner Heisfeldes weisen zwar darauf hin, dass sie stets Mahlfreiheit gehabt und ihr Getreide meistens in Loga und Kloster Thedinga hätten mahlen lassen"[107]. Letztendlich durften die Heisfelder Bauern dann aber weiterhin nur in Leer mahlen lassen. Heisfelde war in der Erlaubnis von 1743 ausdrücklich ausgenommen worden[108]. Für die Bauern aus Bollinghausen konnte Albers sich aber durchsetzen, sie durften weiter bei ihm mahlen lassen.

Vorsichtshalber hatten die Beamten aus Aurich das dem Thedinger Erbpächter zugesagte Exklusivrecht auf dreißig Jahre beschränkt. Als sich Albers kurz vor Ablauf dieser Frist, noch vor dem Jahre 1772, um eine Verlängerung desselben bemühte, hatte man es in Aurich damit keineswegs so eilig und ließ den Antragsteller zunächst warten.

---

[104] Heute noch heißt der Entwässerungsgraben an der Grenze zwischen Eisinghausen und Logaerfeld „Diekeldammsschloot".
[105] Sta. A., Rep. 5 Nr. 2112/1-5
[106] Kartenausschnitt über die Gegend zwischen Logabirum, Bollinghausen, Nüttermoor und Veenhusen 1755, Sta. A., Rep. 244 A 3109 (Mit Erlaubnis des Niedersächsischen Landesarchivs-Aurich)
[107] Becker, Mühlenpächter
[108] Vgl. Ebd.

Im Jahre 1772 wird Albers Sohn Johannes (Jannes) Hinrichs bereits als Müller genannt[109]. Dieser möchte laut Becker[110] auch für Leer mahlen dürfen. Er bekommt diese Erlaubnis zwar nicht, 1773 aber die weitere Erbpacht zu den bisherigen Bestimmungen für alle Zeiten[111]. Hinrich Albers war damals schon ein betagter Mann, der von seinem Sohn Johannes (Jannes) Hinrichs vertreten wurde.

Am 23. Apr. 1779 kam es zur Gründung der „Mühlenbrand-Societät für Ostfriesland und Harlingerland"[112], ein freiwilliger Zusammenschluss aller Mühlenbesitzer zum Zwecke der privaten Feuerversicherung. Nach Überwindung einiger Widerstände wurde die Gesellschaftsgründung auf den 1. Sept. 1779 festgelegt. Die Genehmigung durch den Landesherrn in Aurich erfolgte am 29. Nov. 1780. Ab diesem Zeitpunkt wurden die Mühlen regelmäßig gesichtet, taxiert und danach der jeweilige Versicherungsbeitrag festgelegt. Die Akten darüber liegen im Staatsarchiv Aurich[113].

Im Grund- und Hypothekenbuch des 18. Jahrhunderts für Nüttermoor findet sich laut OSB Nüttermoor folgender Eintrag über die Erbfolge der Klostermühle:

Das Closter Thedinga Neue Haus und Vorwerck betreffend

Fol. 66

Besteht in der Wind-Mühle /: so jetzo auch eine neuerbaute Pellde - Gast - und Meel - Mühle ist /: und dem gleichfalls gut conditionirten Mühlen-Haus.

Besitzer   <u>*Hinrich Albers Müller*</u> *lebt mit* <u>*Margareta Elsabeen Klinckhamers*</u> *in ersterer Ehe.*

                    Er hätte die Wind Mühle cum annecis von seinem weylt. Vater <u>*Albert Poppen*</u> *geerbet, und im Verfolg dieses sowohl als das Haus neu erbauet und exhibirte zur Justification den Landes - Herrlichen Erb - Pachts - Contract und respective Concession.*

                    <u>*Hinrich Albers*</u> *Müller Witwe* <u>*Margaretha Elsabeen*</u> *und* <u>*Janna [Jannes A. d. V.]*</u>[114] <u>*Hinrichs Müller*</u>*. Vermöge gerichtlichen Protocolls d. 7. Mai 1788 und Rentey Attestes d. 8. ej. als einzige Erben des* <u>*Hinrich Albers*</u> *geerbet, und 10 und mehrere Jahre ruhig besessen, worauf Titulus possessionis ex. decreto vom 8. May 1788 eingetragen worden.*[115]

Hier erfahren wir, dass Hinrich Albers die Mühle von seinem Vater Albert Poppen erbte und sie samt Mühlenhaus neu erbaute. Der Erbpachtvertrag und die Konzession waren für ihn gesichert. Im Jahr 1779 war Sohn Johann Hinrich Müller noch zu jung, um den Mühlenbetrieb zu übernehmen. Da Hinrich bereits 1778 verstorben war, führten seine Witwe Margaretha und der einzige überlebende Sohn Jannes 10 Jahre lang die Mühle gemeinsam weiter. Im Jahre 1788 wurde dann das Erbe der beiden in das Grundbuch eingetragen. Mutter Margarethe starb 1795, so dass Johannes (Jannes) nur noch bis 1797 alleiniger Eigentümer der Mühle war.

---

[109] Vgl. Ebd.
[110] Vgl. Ebd.
[111] Vgl. Ebd.
[112] Vgl. Sta. A., Mühlenbrandsozietät, Dep. 71
[113] Sta. A., Mühlenbrandsozietät, Dep. 71
[114] An dieser Stelle liegt wohl ein Fehler von Lange vor, da es sich hier nur um **Jannes** Hinrichs Müller handeln kann, andere Kinder waren bereits verstorben und eine Janna ist nicht verzeichnet.
[115] OSB Nüttermoor, S. 611 / Sta. A., Rep. 237, Fol 66

Johannes (Jannes) Hinrichs (Müller) wurde am 24. Aug. 1733 in Kloster Thedinga geboren. Er verstarb am 6. Jul. 1797 in Klostermühle. Er hatte Moderke Dirks Schmertmann geheiratet, Tochter des Dirk Jans Schmertmann[116], „Brouwer in de Langestraat" zu Jemgum[117] und Wemke Hindriks. Sie verstarb am 21. Jul. 1826. Bei der Familie Schmertmann handelt es sich um eine wohlhabende Müllerfamilie, die aus Vreschen-Bokel bei Apen stammt, die über Detern nach Jemgum kam. In Jemgum betrieb die Familie u. a. eine Bierbrauerei.

Johannes Hinrichs (Müller) wird im OSB Nüttermoor „Mulder von Thedinga"[118] genannt. Bis 1797 war er der Müller zu Thedinga.

Einziges Kind von Jannes Hinrichs (Müller) und Moderke Dirks Schmertmann:

Johann Hinrich Müller, * ca. 1764, †: ca. 1827.

Laut Akten des Staatsarchivs Aurich gab es 1788 eine Kaution von 8000 RM für den Rezeptor Schmertmann[119] auf die Peldemühle. Höchstwahrscheinlich handelt es sich dabei um den Bruder der Moderke Dirks Schmertmann. Fest steht, dass Moderke einen Bruder Adel hatte. Im OSB Jemgum ist nur das Geburtsjahr 1753 festgehalten. Im OSB Leer (luth.) ist ein Adel Schmertmann (*11. Jun. 1753) vermerkt mit der Berufsbezeichnung „Rezeptus [Rezeptor] zu Hage". Das könnte der Bruder Adel sein, er wird jedenfalls als Rezeptor bezeichnet.

Von 1797 bis 1807 wird die Witwe Moderke Dirks als Erbpächterin genannt[120], während der Mühlenbetrieb durch Pächter aufrechterhalten wird. Diese neue Möglichkeit des Verpachtens hängt mit den französischen Mühlenrechten zusammen, die damals galten, dazu später mehr. Moderke Dirks war eine recht aktive Witwe und sie versuchte, ihren einzigen Sohn ohne den Vater finanziell abzusichern.

Moderke Dirks wird im Jahre 1802 bei der Prüfung der Beantragung zur Anlegung eines Fehnes im „königlichen Morasts" hinter Altschwoog durch „Johannes Thedinga" (Jannes Thedinga, *1749 Kloster Thedinga[121]) und „Abel D. Pollmann" (Abel Dirks Poelmann, *1750 Altschwoog, †1833 Altschwoog [122]) auch mit einbezogen[123]. Sie wurde dabei ebenso wie die anderen Beteiligten aufgefordert, „das Recht des freien Torfstiches für die Besitzung der Thedinger Mühle nachzuweisen"[124]. Da sie nichts vorgezeigt hatte, wurde sie am 6. September 1802 noch ein weiteres Mal aufgefordert, „den Erbpachts- oder Kaufbrief über die Klostermühle vorzulegen"[125]. Sie konnte daraufhin nur mitteilen, dass der Erwerbsbrief nicht auffindbar sei. „Noch zur Zeit der Vererbpachtung des Klosters Thedinga im Jahre 1711 habe das Moor zur Mühle gehört, so sei es wenigstens in dem Erbpachtbriefe des damaligen Müllers Mohringers erwähnt worden"[126] ließ Witwe Moderke Dirks schriftlich antworten. Die Kriegs- und Dömänenkammer der

---

[116] Die Schreibweise des Namens variiert von Schmertmann über Smertmann bis zu Smeertmann. Hier wird nur die erstgenannte Schreibweise verwendet.
[117] OSB Jemgum, Nr. 4895, S. 759
[118] OSB Nüttermoor, Nr. 1177, S. 207
[119] Sta. A., Dep. 1, Nr. 928
[120] Vgl. Becker, Mühlenpächter
[121] OSB Nüttermoor, Nr. 2588, S. 395
[122] OSB Veenhusen, Nr. 1595, S. 271
[123] Vgl. OSB Nüttermoor, S. 472, ff
[124] Ebd., S. 474
[125] OSB Nüttermoor, S. 475
[126] Ebd. Weitere Hinweise auf einen Müller Namens „Mohringer" konnten bisher nicht gefunden werden.

Rentei Leer stellte daraufhin fest, dass in dem Erbpachtbrief vom 18. Dez. 1699 nur von der Mühle und dem Mühlenhaus die Rede sei, und ein Torfabstich nicht erwähnt sei[127]. Die gesamte Beantragung für die Anlegung eines Fehnes wurde auch wegen anderer Punkte in der vorgeschlagenen Form abgelehnt. Der Plan wurde dann nicht weiter verfolgt.

Abbildung 12: „Clostermöhle", Ausschnitt aus Campscher Karte von 1806[128]

Als Napoleon 1806 Preußen besiegt hatte, wurde Ostfriesland ein Teil von Holland, das unter französischer Herrschaft stand. Dadurch wurde das holländische Mühlenrecht auch in Ostfriesland gültig[129]. Bei den Mühlen wurde nun nur noch zwischen der Mahlweise und der Verwendung der Produkte unterschieden, nicht mehr nach der Erzielung ihres Müllerverdienstes durch Geldzahlung oder Mehlanteile (Mate). Die Müller durften allerdings keinen Mehlhandel betreiben[130]. 1810 geriet Holland zusammen mit Ostfriesland unter französische Verwaltung, damit galten in Ostfriesland die französischen Rechtsgrundsätze auch im Mühlenwesen[131]. Die damit eingeführte Gewerbefreiheit löste die alten Beschränkungen durch die Landesherren ab. Alle baulichen Maßnahmen und Neubauten waren nun möglich. Es war nur ein gegen Gebühr zu erwerbendes Patent erforderlich. Auch besondere Kenntnisse waren nicht mehr nötig. Dies führte dazu, dass viele weitere Windmühlen errichtet wurden[132]. Es gab einen richtigen Bauboom für Holländermühlen in ganz Ostfriesland. Auch in Rorichmoor, Neermoor, Simonswolde, Jheringsfehn und Warsingsfehn wurden Mühlen errichtet[133]. Nach der Niederlage Napoleons wurde Ostfriesland zwar von 1813-1815 wieder preußisch, aber nach dem Wiener Kongress fiel Ostfriesland an Hannover[134]. Es folgte eine Zeit des wirtschaftlichen Stillstandes. Auf der Mühle wechselte jetzt häufig der Müller, denn die Gewerbefreiheit blieb erhalten.

---

[127] Ebd., S. 467
[128] Campsche Karte von 1806
[129] Norzel/Wesling, Mühlenbuch, S. 86
[130] Ebd.
[131] Ebd.
[132] Ebd.
[133] Vgl. Korte, Thedingaer Müller protestierte
[134] Norzel/Wesling, Mühlenbuch, S. 86

Witwe Moderke Dirks hat die Mühle zunächst an Jannes van Loh (*1769-†1827) weiterverpachtet, dieser wird als „Pächter des Klosters Thedinga von 1799-1807"[135] bezeichnet. Sein Beruf wird mit „Müller und Landwirt"[136] angegeben. Im OSB Nüttermoor wird er auch als „Molenaar Klostermolen"[137] geführt.

Jannes van Loh wurde am 4. Jan. 1769 in Neermoor geboren. Er verstarb am 12. Aug. 1827 in Neermoor. Er hat Margaretha Elsben Coerds Wilems am 17. Dez. 1798 in Rhaude geheiratet, Tochter von Cord Willm Gerdes und Antje Oltmanns. Sie wurde am 7. Dez. 1774 in Rhaude geboren. Sie verstarb am 10. Apr. 1849 in Neermoor.

Kinder von Jannes van Loh und Margaretha Elsben Coerds Wilems:

    i.   Jan van Loh, *: 4 Dez 1798 in Hohegaste, †: 10 Sep 1883 in Neermoor.
    ii.   Koert Willems van Loh, *: 27 Jan 1800 in Klostermühle, †: 2 Dez 1846 in Neermoor
          Er blieb unverheiratet.
    iii. Meike van Loh, *: 6 Jul 1801 in Klostermühle, †: 3 Jun 1833 in Neermoor,
          ∞: Hede Janssen Heddens, 1 Jan 1821 in Neermoor, Leer.
    iv.   Gerd Janssen van Loh, *: 8 Jan 1803 in Klostermühle, †: 30 Apr 1829 in Neermoor.
    v.   Roelf van Loh, *: 16 Aug 1804 in Klostermühle, †: 21 Jan 1807 in Klostermühle;
          „in het Water gevallen" (ertrunken).
    vi.   Antje van Loh, *: 10 Feb 1806 in Klostermühle, †: 1 Sep 1840 in Neermoor.
    vii. Roelf Jans van Loh, *: 11 Jun 1807 in Klostermühle, †: 7 Nov 1877 in Neermoor.
    viii. Grietje van Loh, *: 16 Dez 1812 in Neermoor, †: 1 Jun 1831 in Neermoor.

Die Kinder wurden von 1800-1807 in Klostermühle geboren. Sohn Roelf van Loh ist tragischer Weise mit drei Jahren ins Wasser gefallen und ertrunken, vermerkt das OSB Nüttermoor.

Von 1807 an ist die Mühle vermutlich an Franz Christopher Warns (*1775 Bohlenberge), Sohn von Anton Warns (1745-1822) und Catharina Marie Sagemüller (1745-1795), verpachtet worden. Er wird im OSB Leer als „Müller auf der Klostermühle"[138] bezeichnet. Er hat am 14. Apr. 1819 Teelke Janssen Mansholt (*1801 in Kloster Thedinga)[139] geheiratet. Bis 1821 werden zwei ihrer Kinder in Leer (Kloster Thedinga) geboren. Das dritte Kind, Johann Warns, wird 1826 dann schon in Egels (bei Zetel) geboren. Daraus lässt sich vermuten, dass die Familie vorher schon dorthin gezogen war.

Seit 1823 war wohl Johann Menken Wübbe Platte (1796-1866), Sohn von Wübbe Hinrichs Platte (1764-1791) und Wobke Janssen Meenken (*1771), als Mühlenpächter tätig. Er wird im OSB Nüttermoor als „Müller auf Kloster Mühle" bezeichnet. Er war in erster Ehe mit Johanna Helena Garrels vermählt. Sie starb bereits am 11. Apr. 1828 in Kloster Mühle. In zweiter Ehe war er mit Ida Frielings (1808-1874) verheiratet. Aus dieser Ehe entstammt der Sohn Frieling Johann Platte. Er wurde am 8. Sep. 1832 in Kloster Mühle geboren. Später wird er Müller zu Rhaude und heiratet 1860 in Völlen Wobkea Fraukelina Antonette Schmertmann (*20. Jul. 1834).

Eigentümer der Mühle war Johann (Jannes) Hinrich Müller, bis er 1827 verstarb. Er war der erste, der den Namen Müller wählte und damit seinen Beruf zum Familiennamen machte. Es gab keine Kinder. Als kurzzeitiger Nachfolger/Erbverwalter wird ein Neffe der Mutter Dirk Dirks Schmertmann, später Gastwirt, Bierbrauer und Ortsvorsteher zu

---

[135] Ostfriesisches Geschlechterbuch, Bd. 6, S. 454
[136] Ebd.
[137] OSB Nüttermoor, Nr. 1730, S. 283
[138] OSB Leer, Nr. 15860, S. 1818
[139] Ebd.

Jemgum, als Müller auf der Kloster Thedinga Mühle genannt. Dirk Dirks Schmertmann (1790-1871), war der Sohn von Dirk Janssen Schmertmann und Antje Berends. Er war verheiratet mit Antje Friedrichs Duhm (1805-1880), Tochter von Johann Friederich Duhm (1767-1849)und Wobke Focken (de Weert)(1789-1815).

Die „Hockmühle" (Erdholländer) erzielte 1827 auf Grund einer Berechnung einen Pachtwert von dreihundert Reichstalern[140]. Der Betrag errechnete sich aus den Bruttoeinnahmen unter Abzug der Betriebskosten (Knechtelohn, Unterhalt) und eines Haushaltsgeldes für die Arbeitsleistung des Betriebsinhabers[141].

Wie die Mühle nach seinem Tod dann von Johann Hinrichs Müller übergeht an die Familie van Loh konnte nicht genau ermittelt werden, zumal Pächter Jannes van Loh auch bereits 1827 verstorben war. Als Nachfolger werden von Becker Focke van Loh und Peter van Loh in Leer genannt.[142] Als Pächter und Müller folgt ca. 1834 die Familie Ostendorf aus Amdorf. „Kasjen Tobias Oostendorp"[143] (Casjen Tobias Ostendorf, *8. Nov. 1801 Amdorf, † 1. Mai 1879 Loga) wird im OSB Nüttermoor als „Müller in Kloster Mühle"[144] bezeichnet. Seine Heirat mit Antje Martens de Groot(e) in dritter Ehe erfolgte am 1. Juni 1834. Vermutlich begann auch 1834 seine Arbeit als Müller in der Klostermühle. Der erste Sohn aus dieser Ehe: Marten Ostendorf wurde am 20. Sep. 1835 dort geboren. Bereits am 27. Mrz. 1838 wurde der Geburtsort der Tochter Ante Ostendorf mit „Thedingaer Vorwerk" bezeichnet. Dort wird Casjen dann als Hausmann bezeichnet.

Grietje van Loh, Tochter von Jannes van Loh und Margaretha Elsben Coerds Wilems hat Harm Christians geheiratet, Sohn von Christian Harms Christians und Anna Loerts Buchmeyer.

Der Vater Christian Harms Christians wird als „Müller, Landwirt zu Kloster-Mühle, Privatmann zu Nüttermoor"[145] bezeichnet und 1854 als Müller in der Klostermühle aufgeführt.[146]

Christian Harms Christians wurde am 20. Nov. 1806 in Neermoor geboren. Er verstarb am 7. Jul. 1889 in Nüttermoor. Er hat in erster Ehe Geeske Laurenz Reinders geheiratet, geboren am 9. Dez. 1793. Sie verstarb vor 1849. Er hat dann in zweiter Ehe Anna Loerts Buchmeyer geheiratet. Sie wurde am 23. Feb. 1817 in Collinghorst geboren. Sie verstarb am 7. Jan. 1885 in Nüttermoor.

Kind von Christian Harms Christians und Geeske Laurenz Reinders:

    i.   Gretje Christians, *: 29 Apr 1837 in Ayenwolde, ∞: Heinrich Lübbers, 27 Apr 1861 in Nüttermoor.

Kinder von Christian Harms Christians und Anna Loerts Buchmeyer:
    i.   Ettje Christians, *: 9 Apr 1850 in Veenhusen, †: 14 Dez 1910 in Neermoor,
        ∞: Jasper Goeman Holtkamp, 9 Apr 1868 in Nüttermoor.
    ii.   Harm Christians, *: 17 Sep 1852 in Klostermühle, †: 30 Nov 1897 in Loga.
    iii.   Loert Christians, *: 21 Mai 1855 in Klostermühle, ∞: Maria Carsjens
    iv.   Tibetje Christians, *: 31 Dez 1857 in Klostermühle.

---

[140] Vgl. Korte, Die Mühle
[141] Vgl. Ebd.
[142] Vgl. Becker, Mühlenpächter
[143] OSB Nüttermoor, Nr. 2026, S. 327
[144] Ebd.
[145] Ebd., Nr. 414, S. 77
[146] Sta. A., Mühlenbrandsozietät, Dep. 71/31

Harm Christians wird „Landwirt zu Kloster Mühle"[147] und „Viehhändler zu Loga"[148] genannt.

Loert Christians hat Maria Carsjens (Cassens) (*16. Sept. 1859 in Ihlowerfehn, †05. Mrz. 1899 in Riepe) am 20. Mai 1882 in Riepe/Bangstede geheiratet. Er wird als Mühlenbesitzer zu Klostermühle[149] bezeichnet. Bis 1888 war er Müller auf der Klostermühle. Dann zog die Familie in den Riepster Hamrich.

Kinder von Loert Christians und Maria Carsjens:

i. Christian Loert Christians, *: 26 Okt 1883 in Klostermühle, †: 3 Nov 1942 in Hamburg.
ii. Cassen Jakob Christians, *: 26 Sep 1885 in Klostermühle, †: 1910 in Aurich.
ii. Annäus Christians, *: 02 Okt 1887 in Klostermühle.
iii. Gesine Bernhardine, *: 27 Nov 1889 in Riepe.
iv. Heinrich,*: 10 Aug 1891 in Riepe.
v. Ludwig, *: 10 Aug 1891 in Riepe.
vi. Anna, *: 26 Dez 1892 in Riepe.
vii. Marie, *: 19 Mrz 1894 in Riepe.
viii. Eta Tibetta, *: 13 Nov 1896 in Riepe.
ix. Bernhard, *: 23 Jan 1899 in Riepe, †: 29 Jul 1899 in Riepe.

Da zu dieser Zeit höchstwahrscheinlich bereits ein weiterer Hof genau gegenüber der Windmühle auf der anderen Seite des Weges nach Neermoor errichtet worden war, kann vermutet werden, dass dort die Familie Christians Landwirtschaft betrieb und die Mühle verpachtet war. Bestärkt wird diese Vermutung dadurch, dass sowohl Christian Harms Cristians als auch der Sohn Harm Christians als „Landwirt zu Kloster Thedinga[150]" bezeichnet werden. Der Ort Klostermühle bestand damals bereits aus drei Gebäuden, der Mühle, dem Mühlenhof und einem weiteren neu errichteten Bauernhof. Im Statistischen Repertorium über das Königreich Hannover von 1823[151] wird für den Wohnplatz Klostermühle (Thedingaer Mühle) nur ein einzelnes Haus nebst Mühle verzeichnet, während 1849 im Topographisch-statistisch-historischen Lexikon von Deutschland[152] bereits von drei Häusern (inklusive Mühle) die Rede ist.

Das wirtschaftliche Wachstum durch die beginnende Industrialisierung und die Liberalisierung der Wirtschaft im 19. Jahrhundert erhöhten auch die Nachfrage nach Müllereiprodukten. Das Müllergewerbe wuchs dadurch kräftig. Auch die Verkehrswege wurden ausgebaut. Neben der Verbesserung des Straßennetzes erfolgte überall im Land der Bau der Eisenbahnstrecken.

In den Jahren ab ca. 1845 wurde die Eisenbahnverbindung von Papenburg über Leer nach Emden, unweit der Landstraße Leer-Neermoor, geplant. Ab ca. 1851 wurde gebaut und am 24. Nov. 1854 konnte dieser Teilabschnitt freigegeben werden. Die Gesamtstrecke über Rheine bis Emden (Hannoversche Westbahn) wurde schließlich am 20. Jun. 1856 eröffnet[153]. Die Trasse ist im untenstehenden Kartenausschnitt gut zu

---

[147] Vgl. OSB Nüttermoor, S. 615
[148] Ebd. Nr. 414, S. 77
[149] Ebd.
[150] OSB Nüttermoor, S. 77
[151] Ubbelohde, Statistisches Repertorium über das Königreich Hannover, Hahn, 1823, S. 71
[152] Huhn, Topographisch-statistisch-historisches Lexikon von Deutschland: eine vollständige deutsche Landes-, Volks- und Staatskunde, Band 6, Hildburghausen, 1849, S. 251
[153] Vgl. Müller, 150 Jahre Eisenbahn in Ostfriesland, Leer, 2006, S. 12, ff

erkennen. Am Bahnübergang Alt-Schwoog, nördlich der Mühle, ist das neuerbaute Bahnwärterhaus (B.W.) zu erkennen und gegenüber der Mühle das neu errichtete Hofgebäude.

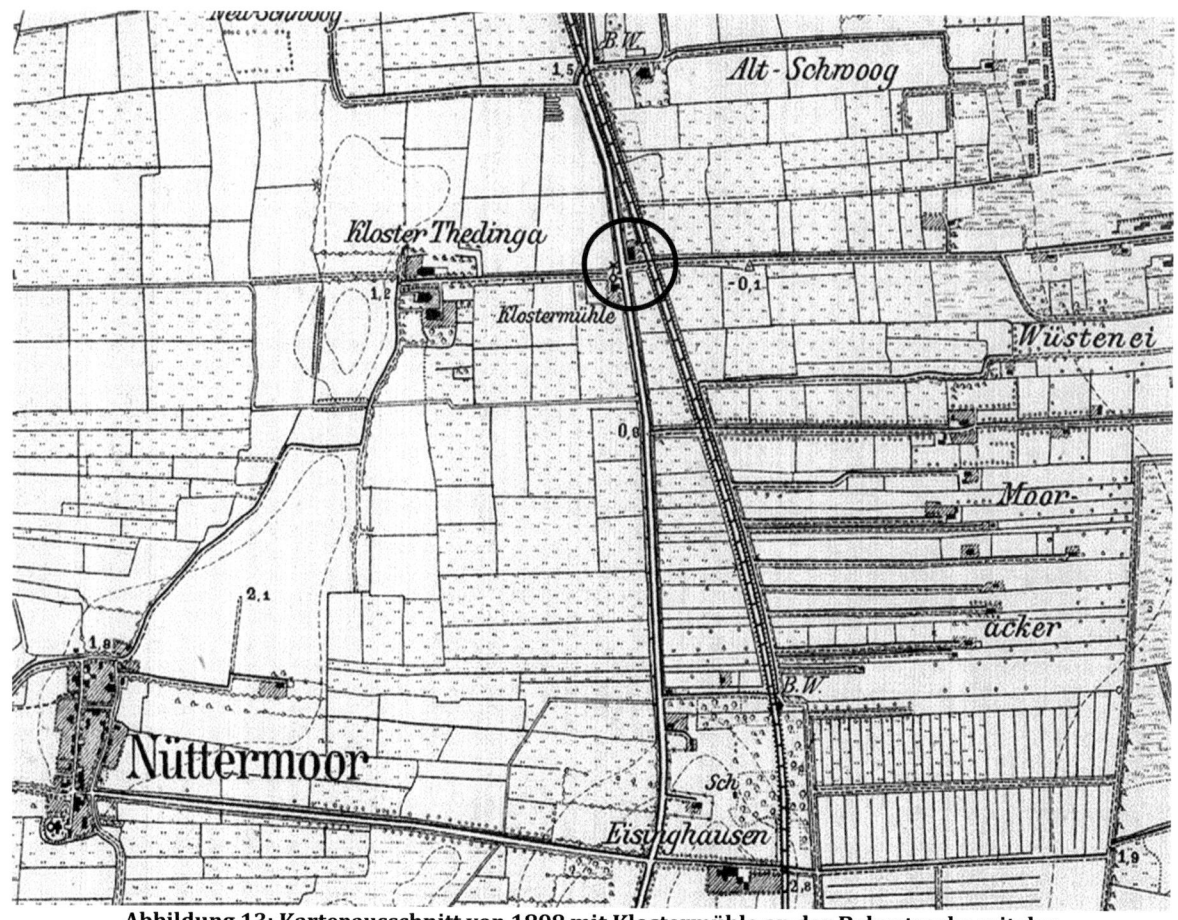

Abbildung 13: Kartenausschnitt von 1898 mit Klostermühle an der Bahnstrecke mit den Bahnwärterhäuschen (B.W.)[154]

Von ca. 1835-1845 könnte die Mühle an Heye Berends Garrels (1808-1866), Sohn von Casjen (Carsten) Garrels (1780-1844), Müller zu Neustadt-Gödens, verpachtet worden sein. Er wird im OSB Leer als „Müller auf der Thedinger Klostermühle" und „Brantweinbrenner" bezeichnet.

Im Zeitraum von 1845 -1858 wird Tönjes Weyerts Rabenberg, Sohn von Weyert Tönjes Rabenberg (1777-1848) und Hilke Lüpkes Trey (1781-1859), als „Müller in Kloster Mühle" im OSB Nüttermoor genannt. Seine Kinder werden bis 1852 mit Geburtsort Klostermühle eingetragen. Der Vater Weyert Tönjes Rabenberg betrieb die Mühle in Völlenerfehn. Tragischer Weise verunglückte Tönjes am 1. Oktober 1858 tödlich durch einen „Unglücksfall bei einer Reparatur an seiner Mühle [Klostermühle Thedinga, A. d. V.]", so berichtet die Familienchronik der Familie Dirksen[155]. Im OSB Leer ist dazu folgender Vermerk zu finden: „Unglückfall, wurde vom Mühlenflügel erschlagen"[156].

In der Zeit von 1858-1860 war höchstwahrscheinlich Tjade Bonnen Poppinga (1807-1880), verheiratet mit Elisabeth Johanna Sassen (1807-1885), aus Hagermarsch stammend (Deich -und Sielrott), Müller auf der Klostermühle. Im OSB Nüttermoor wird er als „Hausmann, Müller zu Kloster Thedinga"[157] bezeichnet. Die Tochter Anna Elisabeth Tja-

---

[154] Aus: Königlich Preußische Landesaufnahme 1897, Herausgegeben 1898, Leer
[155] http://www.dannemann.org.uk/genea/Chronik.shtml (Eingesehen 11/2013)
[156] OSB Leer, Nr. 12255, S. 1400
[157] OSB Nüttermoor, Nr. 2164, S. 346

den Poppinga (*21.5.1843 Deich -und Sielrott) ist am 17.4.1859 in Nüttermoor konfirmiert worden[158].

In der Zeit danach wird Eike Reemts Lübbers (1828-1910) als „Müller Nüttermoorersiel und Klostermühle"[159] bezeichnet. Seine Kinder werden ab 1860 mit Geburtsort „Klostermühle" im OSB Nüttermoor eingetragen. 1873 wird beim letzten Kind als Geburtsort „Klostermühle" genannt. Er war über seine erste Frau Antje Peters Faelke Struck (1839-1871) mit der Familie Christians verwandt. Ob er Pächter oder Eigentümer war, lässt sich nicht sagen. Spätestens 1875 ist er als wohnhaft in Nüttermoorersiel zu finden.

Zu einem neuen Entwicklungsschub kam es in Ostfriesland, als das Land 1866 wieder preußisch wurde. Es gehörte fortan zur preußischen Provinz Hannover. Viele neue Projekte zur Verbesserung der Infrastruktur wurden angeschoben.

Nach Becker war Christian H. Christians 1870 Inhaber des Thedinger Mühlenbetriebes [160]. Damals fragte die Regierung aus Hannover bei den Behörden in Aurich an, wie es mit dem Exklusivrecht aussehe, obwohl es bereits aufgehoben worden war[161].

Neubau der Klostermühle als einstöckiger Galerieholländer 1881

In einer Zeit des wirtschaftlichen Fortschritts, in der der Mühlenboom noch anhielt, wurden im Jahr 1881 sowohl die Klostermühle als einstöckiger Galerieholländer mit Windrose als auch das Mühlenhaus neu erbaut[162], so wie sie bis 1947 erhalten blieben. Der Höhepunkt der handwerklichen Mühlenentwicklung hatte damit auch die Klostermühle erreicht. Da Christian Harms Christians zu dem Zeitpunkt bereits 74-75 Jahre alt war, wird es wohl eher der Sohn Loert Christians gewesen sein, der die Mühle neu erbauen ließ. Im Adressbuch von 1880/81 der Gemeinde Nüttermoor wird „Christian Christians" zwar noch als Mühlenbesitzer in Klostermühle[163] geführt. Anderseits aber wird auch der Sohn Loert Christians im OSB Nüttermoor als Mühlenbesitzer zu Klostermühle bezeichnet. Im Jahr 1886 ist er in den Akten der Mühlenbrandsozietät als Müller zu finden[164]. Loert wird aber 1889 bereits als Müller der Peldemühlen in Riepsterhammrich und in Rysum aufgelistet[165]. Seine Kinder wurden ab 1889 in Riepe geboren. Ab 1890 werden in Klostermühle Bruder Harm Christians und Grietje, geb. van Loh, als Müllerfamilie bezeichnet[166].

---

[158] OSB Nüttermoor, Nr. 2164, S. 346
[159] Ebd., Nr. 1753, S. 288
[160] Vgl. Becker, Mühlenpächter
[161] Vgl. Korte, Die Mühle
[162] Kleeberg, Mühlengeschichte, S. 348
[163] Vgl. OSB Nüttermoor, S. 615
[164] Vgl. Sta. A., Mühlenbrandsozietät, Dep. 71/31
[165] Mühlenstandorte 1899
[166] Vgl. Ebd.

Abbildung 14: Ansichtskartenmotiv der Klostermühle mit Blitzableiter und Stromversorgungsmasten ca. 1920-1930 (Archiv Kok)

Zum Ende des 19. Jahrhunderts neigte sich der Bau neuer Mühlen auf dem Lande langsam dem Ende zu. Es gab nun einen deutlichen Zentralisierungsschub für Mühlen in Verbindung mit der zunehmenden Industrialisierung. Damit begann das Sterben des vorher dezentralen Mühlengewerbes. Der Ausbau der Transportwege, neue Kraftquellen wie die Dampfmaschine, der Dieselantrieb und später der Elektromotor im Verbund mit leistungsfähigen Müllereimaschinen ließen eine neue Mehlindustrie[167] entstehen. Zur weiteren wirtschaftlichen Entwicklung der Mühlen damals stellen Reith/Schmidt fest: „Die Windmühlen mussten sich auf Futterschrotproduktion für das Vieh in ländlichen Nischenmärkten verlagern, die vielen Kleinmühlen noch einige Jahre oder Jahrzehnte ein Auskommen erlaubte.[168]" Diese Entwicklung machte auch vor Ostfriesland nicht halt. Das Müllergeschäft veränderte sich und wurde zunehmend schwierig.

Im Januar 1891 wird Weert Sweers, als Nachfolger von Loert Christians, vom königlichen Amtsgericht Leer aufgefordert, den Betrieb im Handelsregister auf seinen Namen eintragen zu lassen. Dies erfolgte daraufhin dann am 21. Jan. 1891[169]. Im Jahr 1893 wird also Weert Sweers in den Akten als Betreiber der Klostermühle bezeichnet[170].

Hier handelt es sich um Weert Sweers, Sohn von Geerd Sweers und Fekelina Frielings Dreesmann aus Neermoor. Weert Sweers ist am 4. Nov. 1865 in Neermoor geboren und starb am 11. Mrz. 1935. Er war verheiratet mit Janna Hilkeline Reinders, geboren am 1. Apr. 1854, gestorben am 17. Apr. 1953. Weert Sweers ist über seine Frau mit der Familie Christians verwandt. Von 1891-1935 war Weert Sweers Müller und betrieb, laut Akten des Staatsarchivs Aurich, das Müllergeschäft in der Klostermühle bei Leer. Sie hatten keine Kinder.

---

[167] Vgl. Kleine Betriebe – Angepasste Technologie, S. 76
[168] Ebd., S. 77
[169] Sta. A., Rep. 126/D92
[170] Vgl. ebd.

Auch 1899 wird ebenfalls im Adressbuch für Handel und Gewerbe der Provinz Hannover Weert Sweers als Müller genannt. Bei der „Mühlenbrandsozietät für Ostfriesland und Harlingerland"[171] ist im Apr. 1899 für die Mühle bei Kloster Thedinga (Klostermühle) als Eigentümer Weert Sweers geführt. Der Versicherungswert der Peldemühle wird dort mit 10.670 RM, das Wohnhaus mit 5.580 RM und die Scheune mit 3.530 RM (Gesamt 19.780 RM) angegeben.[172]

Der Bruder Sweer Weerts Sweers ist am 28. Mai 1862 in Neermoor geboren. Er verstarb am 02. Nov. 1951 in Neermoor. Er hat Janna Berends am 4. Mai 1888 in Neermoor geheiratet. Sie wurde am 6. Mai 1868 in Neermoor geboren. Sie verstarb am 17. Jan. 1942 in Neermoor. Sweer Weerts Sweers wird als „Landwirt und langjähriger Bürgermeister der Gemeinde Neermoor"[173] bezeichnet.

Kinder von Sweer Weerts Sweers und Janna Berends:
    i.   Hilke Weerts, *: 1784 in Hanswehrum,†: 3 Jun 1856 in Hanswehrum.
    ii.   Gerd Sweers, *: 20 Mrz 1889 in Neermoor, †: 8 Mrz 1971 in Neermoor,
        ∞: Harmine Janette Müller, 26 Apr 1918 in Neermoor.

Der Sohn Gerd Sweers ist am 20. Mrz. 1889 in Neermoor geboren. Er verstarb am 8. Mrz. 1971 in Neermoor. Er hat Harmine Janette Müller am 26. Apr. 1918 in Neermoor geheiratet, Tochter von Geerd Müller und Greetje Bakker. Sie wurde am 18. Mrz. 1888 in Neermoor Kolonie geboren. Sie verstarb am 14. Aug. 1946 in Neermoor. Gerd Sweers wird als „Müller, Klostermüller zu Nüttermoor, Soldat" und "Landwirt a. D. zu Neermoor-Kolonie"[174] bezeichnet.

Kind von Gerd Sweers und Harmine Janette Müller:

    i.   Johanne Gerda Sweers, *: 21 Mai 1923 in Neermoor, †: 30 Jan 1979 in Neermoor.

1901 ersuchte Müller Weert Sweers für die Klostermühle eine Erlaubnis zur Köpfung der Bäume bei seiner Besitzung an der Landstraße von Leer nach Neermoor[175]. Wahrscheinlich nahmen die Bäume der Windmühle zu viel Wind weg, deshalb sollten sie gekürzt werden. Der Landkreis Leer entschied damals aber, dass die 40 Bäume nicht gefällt werden durften. Die Begründung lautete folgendermaßen: „Die Mühle ist von der nächsten Baumreihe an der Landstraße etwa 18 bis 20 Meter entfernt. Die Entfernung der unteren Mühlenflügel von dem Erdboden beträgt 4 Meter. Unmittelbar neben bezw. vor der Mühle steht das reichlich 8 Meter hohe Wohnhaus des pp. Sweers. M. E. wird der Mühle mehr Wind durch das Wohnhaus des pp. Sweers als durch die Landstraßenbäume entzogen"[176]. Der Kreisausschuss meinte, dass kein „nennenswerter Schaden"[177] durch die Bäume entsteht. Eine Folge dieser Ablehnung war wohl der spätere Einsatz eines Elektromotors als „Hilfsantrieb" für die Mühle.

1906 verzeichnet die Mühlenbrandsozietät Weert Sweers als Eigentümer der Mühle in Kloster Thedinga (Klostermühle). Der Versicherungswert der Peldemühle wird dort

---

[171] Sta. A, Dep. 71
[172] Mühlenstandorte 1899
[173] Fock, Dor geiht doch noch wat!, S. 89
[174] Ebd., S. 88
[175] Sta. A., Das Gesuch des Müllers Sweers in Klostermühle um Köpfung der Bäume bei seiner Besitzung an der Landstraße von Leer nach Neermoor (1901), Rep. 16/1, Nr. 1931
[176] Ebd.
[177] Ebd.

nach wie vor mit 10.670 RM, das Wohnhaus mit 5.580 RM und die Scheune mit 3.530 RM (Gesamt 19.780 RM)[178] angegeben. Es wird auch vermerkt, dass die Mühle bereits einen Blitzableiter besitzt.

Weert Sweers wurde im Juli 1909 Mitglied im Aufsichtsrat der neugegründeten Spar- und Darlehnskasse für Neermoor und Umgebung[179]. Darin spiegelt sich auch eine gewisse Lokalisierung der Familie Sweers, die sich eher Richtung Neermoor/Veenhusen als nach Nüttermoor orientierte, womit sie aber nicht alleine stand. So ähnlich verhielten sich auch ihre Vorgänger und Nachfolger auf der Mühle. Die Zeit von der Jahrhundertwende bis 1914 ist als eine Periode des starken wirtschaftlichen Wachstums in Ostfriesland bekannt.

Diese Phase endet jäh, denn von 1914-1918 befindet sich Deutschland im Krieg. Über diese Zeit ist nichts weiter über die Mühle aktenkundig geworden, mit einer Ausnahme. Es wurden 1916 bei der Mühlenbrandsozietät die gleichen Versicherungsdaten für die Mühle noch einmal bestätigt[180].

Allgemein lässt sich feststellen: „Der Erste Weltkrieg [...] hat den Alltag der Menschen in Ostfriesland radikal verändert. Ein Großteil der Männer zog in den Krieg, Frauen übernahmen in der Heimat das Kommando – in Behörden, Betrieben, Schulen und in der Landwirtschaft. Kriegsgefangene, verwundete Soldaten und Flüchtlinge kamen nach Ostfriesland. An die Stelle der freien Wirtschaft trat Rationierung, auf anfängliche Begeisterung folgten Hunger und Ernüchterung."[181]

Die brauchbaren Pferde wurden als Kriegspferde eingezogen[182], so dass nicht genügend Pferde für die Landwirtschaft, also auch für den Transport von Korn und Mehl zur Verfügung standen.

Ab 1917 wurde die Versorgung der Bevölkerung mit Lebensmitteln schwierig. Sweer Weerts Sweers (1862-1951) berichtet beispielhaft in seiner Chronik über die Situation in Neermoor: „Eine Kommission folgte der anderen, die Kornböden wurden revidiert, ob noch abzulieferndes Korn vorhanden sei ... Das Überschüssige wurde weggenommen... Das Kartensystem war eingeführt; Brot, Butter, Zucker ... wurden auf Karten ausgegeben..."[183].

Die folgenden Nachkriegsjahre waren auch noch durch die Mangelsituation bei der Ernährung geprägt. Trotz der geschilderten Probleme nahm der technische Wandel seinen Lauf. Auf den Abbildungen der Mühle in den Jahren von 1920-1940 ist gut zu erkennen, dass damals entlang der Straße Leer-Neermoor zuerst eine Stromleitung und später in den 1930er Jahren eine 10 kV Starkstromleitung verlief. Außerdem ist, wenn man genau hinsieht, neben dem Mühlenhof noch ein Transformatorenhäuschen zu erkennen, das sich dort befand.

---

[178] Mühlenstandorte 1906
[179] Vgl. Canzler, Neermoor, S. 97, f
[180] Mühlenstandorte 1916
[181] oz-online, 18.03.2014, http://www.oz-online.de/-news/artikel/121689/Erster-Weltkrieg-veraenderte-Alltag-radikal
[182] Vgl. Canzler, Neermoor, S. 102
[183] Canzler, Neermoor, S. 102

Abbildung 15: Ansichtskarte mit der Mühle aus den 1930er-1940er Jahren, Trafohaus links (Kreis), Strommasten rechts (Archiv Kok)

Abbildung 16: Foto der Klostermühle mit Hochspannungsmast und Trafohäuschen-Dach (Keis), (Archiv Herlyn, veröffentlicht durch Becker in der Ostfriesischen Tageszeitung 1938)

Die Hochspannung ging von einer Seite rein, um an der anderen Seite wieder als Freileitung weitergeführt zu werden. Die innen angeschlossene Trafostation, die 10 kV in 230 / 400 V umwandelte, versorgte die Mühle und wurde weiter über eine Freileitung bis Kloster Thedinga geleitet. Alles sichtbare Zeichen der seit Beginn des 20ten Jahrhunderts auch in Ostfriesland rasch erfolgten Elektrifizierung der Haushalte und Betriebe. Damit begann auch für die Mühle ein neuer Abschnitt. Der technische Fortschritt veränderte die Arbeit in der Mühle und die Wirtschaftlichkeit der Mühle langsam aber nachhaltig.

1902-1903 wurde in Leer zunächst ein privates Elektrizitätswerk errichtet. Seit 1910 wurde die Stromversorgung schon durch einen Vertrag mit dem Kraftwerk Wiesmoor sichergestellt[184]. Seit 1909 wurde das Torf-Kraftwerk dort von der Firma Siemens-Elektrische-Betriebe (SEB) Berlin[185] betrieben. Es war der Ausgangspunkt für die vernetzte Stromversorgung in Ostfriesland. Durch Überlandleitungen gelangte der Strom bereits 1910 nach Leer und wurde dort mit dem Elektrizitätswerk verbunden. 1913 wurde auch Heisfelde angeschlossen[186]. Während des Krieges geriet der Ausbau ins Stocken, aber danach ging es dann schnell. Am 28. Feb. 1924 wurde in Nüttermoor sogar eine eigene Elektrizitätsgenossenschaft gegründet, die am 25. Okt. 1937 wieder aufgelöst wurde[187]. Von Leer ging eine Leitung entlang der Straße nach Neermoor und wohl weiter Richtung Emden, das auch bereits angeschlossen war[188]. Am 15. Sept. 1924 wurde die Elektrizitätsgenossenschaft Veenhusen gegründet[189]. In den 1920er Jahren erfolgte also wohl der Anschluss der Klostermühle. Im Jahre 1930[190] war die Stromversorgung im Landkreis Leer weitgehend abgeschlossen.

Aufgrund einer Eintragung im Adressbuch für Stadt und Kreis Leer und Kreis Weener von 1926 ist es wahrscheinlich, dass der Neffe Gerd Sweers bereits 1926 als Müller bei der Firma Weert Sweers gearbeitet hat, da das Müllerehepaar kinderlos war.

Bereits Anfang der 1930er Jahre ist dann eine „zur aushülfsweise Unterstützung des Triebwerks der Mühle dienende „Elektromotor–Anlage"" in der Mühle dokumentiert. Das Fabrikat wird angegeben mit „Siemens-Schuckert, 380V, 10 kW bei 950 Umdr.". Die Anlage sei „staub- und feuersicher umkleidet", wird in den Versicherungsunterlagen festgehalten[191]. Das hatte den Vorteil, dass Müller Sweers jetzt auch unabhängig vom Wind mahlen konnte. Andererseits war er aber nicht mehr so sehr auf die gute Funktion seines Windantriebes angewiesen. So wurde die Instandsetzung beschädigter Teile der Mühle gern herausgezögert.

Im Sept. 1932 wurde dann auch vom Distrikts-Deputierten (Roelf Müller) der Mühlenbrandsozietät moniert, dass der „Schwichstellgen"[192] dringend reparaturbedürftig wäre. Die notwendige Reparatur wurde daraufhin schleunigst ausgeführt.

Müller Weert Sweers starb am 11. Mrz. 1935. Die „Mühlenbesitzung" der Fa. Sweers befände sich 1936 in einem sehr schlechten Zustand, monierte nun wiederum die Mühlenbrandsozietät. Die Mängel wurden aber alle beseitigt. Der Versicherungswert wurde anschließend auf 18000 RM für die Mühle, 5500 RM für das Haus und 7000 RM[193] für die Scheune festgelegt.

---

[184] Vgl. OL Leer
[185] Vgl. Sträter, Torfkraftwerk Wiesmoor, S. 29
[186] Vgl. OL Leer
[187] Vgl. OL Nüttermoor
[188] Vgl. Sträter, Torfkraftwerk Wiesmoor, S. 45
[189] Vgl. OL Veenhusen
[190] Vgl. Elster, Heimatchronik Leer, S. 267
[191] Sta. A., Dep. 71/31
[192] Gemeint ist die Schwichstelle, also die Galerie
[193] Sta. A., Dep. 71/31

Als Geschäftsinhaberin der Firma Weert Sweers war damals noch die Witwe Janna Sweers, geb. Reinders gemeldet. Als Eigentümer der Mühle war der Bauer Berend Sweers aus Loquard (ein weiterer Neffe von Weert Sweers) eingetragen. Als Nachlassverwalter fungierte der Mann der Nichte Grietje Sweers Kuno (Balten) Berends aus Uppleward[194]. Ein B. Sweers wird auch bei Norzel/Wessling als Nachfolger der Ww. Sweers genannt[195].

Es ist zu vermuten, dass der Neffe Gerd Sweers die Mühle zunächst weiter als Pächter betrieb, zumindest so lange, bis er als Soldat zur Wehrmacht ging. Er wird in der Familienchronik der Familien Meiners und Sweers aus Neermoor als „Müller der Klostermühle Nüttermoor, Soldat und Landwirt a. D."[196] bezeichnet.

1938 schrieb die Witwe Sweers, dass die Firma W. Sweers nicht mehr existierte und teilte mit, dass E. (Engelke) Neemann jetzt Geschäftsinhaber sei. Engelke Neemann, auch von Kleeberg als Nachfolger genannt, war dann bis 1949 Pächter der Mühle[197]. Als Eigentümerin wird die Witwe Sweers auch 1949 noch genannt. Kuno (Balten) Behrends aus Hanswehrum fungiert noch als ihr Verwalter. Der Mühlenbetrieb hatte sich schon größtenteils auf die Produktion von Futterschrot umgestellt. Der Handel mit Futtermitteln war zum wesentlichen Erwerbszweig geworden. In der Mühle wurde nur noch wenig gemahlen. Während des Krieges stand die Mühle sogar über Jahre still, wurde aber auch nicht durch Beschuss oder Fliegerangriffe beschädigt.

Die Zeit von 1933-1948 war geprägt durch die Auswirkungen von Krieg und Nazidiktatur. Die Landwirtschaft war nach der Machtergreifung im sog. „Reichsnährstand" [198] zusammengeschlossen. Ab Sept. 1933 gab es auch bei der Getreideverarbeitung eine Zwangswirtschaft mit dem Zusammenschluss aller Mühlen. Der Reichsminister für Ernährung und Landwirtschaft konnte festlegen, "in welcher Weise der Umfang der Ausnutzung bestehender Mühlen zu regeln"[199] sei und "in welchen Mengen die einzelnen Mühlen innerhalb eines bestimmten Zeitraums inländischen Roggen oder Weizen kaufen und verarbeiten müssen"[200]. Es wurde eine "Wirtschaftliche Vereinigung der Roggen- und Weizenmühlen" verfügt, die vorsah, dass den einzelnen Mühlen Kontingente zugeordnet werden konnten. „Jede Mühle war der Ernährungsbehörde gegenüber meldepflichtig, was von dem zugeteilten Kontingent bereits vermahlen war und was noch vorrätig war (sogenannte Listenpflicht)"[201]. Die Kontingentierung blieb auch in den Jahren nach dem Krieg zunächst bestehen. Die Bewirtschaftung aller Konsumgüter wurde auch von den Besatzungsbehörden beibehalten. Aber die Zuteilung der auf den Lebensmittelkarten ausgewiesenen kargen Rationen war oftmals nicht gewährleistet. Der Schwarzmarkt entwickelte sich zum wichtigen Faktor des alltäglichen Überlebens. Die Preise für Lebensmittel stiegen enorm an. Ein Kilogramm Brot wurde beispielsweise im Oktober 1946 in der britischen Besatzungszone mit 60 RM gehandelt[202]. Theo Meyer schreibt in seinem Buch über die Nachkriegsjahre, dass die Versorgung der Bevölkerung durch die Ernährungsverwaltung bis 1948 eine Dauerkrise war, die schnell in eine Kata-

---

[194] Sta. A., Dep. 71/31
[195] Norzel/Weßling, Mühlenbuch, S. 117
[196] Fock, Dor geiht doch noch wat!, S. 88
[197] Laut Aussage von Sohn Erich Neemann
[198] Vgl. Münkel, Nationalsoz. Agrarpolitik, S. 100, ff
[199] BVerfG., 17.12.1958 - 1 BvR 615/52 , http://opinioiuris.de/entscheidung/1025, eingesehen 10/2013
[200] Ebd.
[201] Norzel/Weßling, Mühlenbuch, S. 105
[202] Boelcke, Der Schwarzmarkt 1945-1948, S. 106

strophe umzuschlagen drohte.[203] Erst mit der Währungsreform vom Juni 1948 wurde die Zwangsbewirtschaftung beendet, allerdings nicht in allen Bereichen. Verstöße bei der Mehlerzeugung wurden sogar bis 1950 noch geahndet.

Auch Engelke Neemann bekam 1946 als Mühlenpächter der Klostermühle diese Zwangsmaßnahme zu spüren[204]. Aus den Unterlagen eines in Oldenburg dokumentierten Schiedsverfahrens geht hervor, dass die Mühle seit 1943 vorübergehend stillgelegt war. Es bestand deshalb 1946 kein „Mahlkontingent" für die Mühle. Vor dem Krieg hatte ein Kontingent bestanden, aber während des Krieges hatte Neemann nicht gemahlen, da er in Neermoor noch ein Düngemittelgeschäft betrieb. Den Lebensunterhalt verdiente er damals eigenen Angaben zufolge hauptsächlich mit Lohndreschen[205].

Er wurde am 24. Okt. 1946 vom Getreidewirtschaftsverband Weser-Ems in Oldenburg wegen nicht genehmigter Inbetriebnahme der Mühle, unsachgemäßer Buchführung und nicht eingereichter Meldungen über Getreideaufnahme zu 1000 RM „per Ordnungsstrafbescheid" verdonnert. Es gab darüber ein Einspruchsverfahren vor dem „Schiedsgericht für die landwirtschaftliche Marktregelung"[206], weil Neemann sich mit Unterstützung des Bürgermeisters von Veenhusen, (Christian) Boelsen und Bäcker Johann U. Lay (Johann Uilderks Lay *10. Okt. 1910 Veenhusen, †15. Jan. 1977 Veenhusen) wehrte. Ihrer Auffassung nach habe es in den Monaten August und September 1946 in Veenhusen eine Notlage gegeben. Es gab einen „Mangel an Roggenschrot"[207] für die Versorgung der Gemeinde Veenhusen mit Brot. Der Bäcker hatte Neemann gebeten, „der Notlage Herr zu werden"[208]. Da Neemann durch seine Lohndrescherei über Roggen verfügte, habe er helfen wollen und den Roggen für den Bäcker gemahlen. Der zweite Vorwurf, er habe Roggen in nassen Säcken gelagert, konnte nicht aufrechterhalten werden. Es blieb der Vorwurf, dass er die „Ablieferungsbescheinigung und die wöchentliche Bestandsmeldung" nicht sofort ausgestellt hätte. Letztendlich entschied das Gericht am 19. Jun. 1947, dass Neemann mit einer Ordnungsstrafe von 200 RM ausreichend bestraft wäre. Dazu kamen für ihn noch die Kosten des Verfahrens in Höhe von 62,64 RM.[209]

Theo Meyer berichtet eindrucksvoll über die Not in den Nachkriegsjahren in Ostfriesland[210]. Es fehlte an Grundnahrungsmitteln, um die durch viele Flüchtlinge vermehrten Einwohner zu versorgen. Im Jahr 1946 sollte deshalb die Anbaufläche für Brotgetreide und Kartoffeln vergrößert werden. Die dafür notwendigen Flächen im Kreis Leer lagen besonders ungünstig, „da etwa 10000 Hektar Grünland im Leda-Jümme-Gebiet und in der Gegend von Neermoor so tief lagen, dass sie zeitweise überschwemmt waren"[211]. Das erklärt auch die oben beschriebene Situation in Veenhusen und die Widrigkeiten der damaligen Zeit.

---

[203] Vgl. Meyer, Von Häuptlingen, S. 117
[204] Sta. O., Best. 312, Nr. 1935
[205] Ebd.
[206] Ebd.
[207] Ebd.
[208] Sta. O., Best. 312, Nr. 1935
[209] Ebd.
[210] Meyer, Von Häuptlingen, S. 116, ff
[211] Ebd., S. 117

Das Ende der stolzen Mühle

Großer Mühlenbrand

Leer. Die auf dem Wege nach Neermoor gelegene Klostermühle brannte nachts vollständig nieder. Große Bestände an Getreide und Futtermitteln wurden vernichtet. Die Bekämpfung des Feuers wurde durch das Eis- und Schneewetter erschwert. Man nimmt an, daß der Brand durch Kurzschluß entstanden ist.

Abbildung 17: Artikel aus Nordwestzeitung v. 11.03.1947 (Kopie Kok)

Zu allem Überfluss passierte dann am 10./11. Mrz. 1947 das große Unglück. Die Mühle von 1881 brannte nachts ab, bis auf den unteren gemauerten Stumpf. Die Nordwestzeitung (siehe oben) berichtete am folgenden Tag darüber. Am 18. Apr. 1947 schrieb der Schätzer der Mühlenbrandsozietät, Roelf F. Müller aus Backemoor, dass die Mühle bis auf das Mauerwerk, der Anbau (Packhaus) "bis auf die Grundmauern vollständig vernichtet"[212] sei. Trotz des Einsatzes mehrerer Feuerwehren brannte die Mühle ab, da wegen des starken Frostes Wasser nicht ausreichend eingesetzt werden konnte. „Das Wirtschaftsgebäude konnte gerettet werden. Durch einen auf das Dach gefallenen brennenden Mühlenflügel entstand ein kleiner Dachschaden in der Zersplitterung einiger Latten und der Zertrümmerung von reichlich 100 Dachziegeln"[213]. Der Gutachter stellte fest, dass keine Brandstiftung in Frage kam. Er vermutete, dass eventuell eine elektrische Leitung zu einer Lampe am Hinterteil der Mühlenkappe defekt war und den Brand verursachte. Auch ein „Funkenflug der vorbeifahrenden Eisenbahn" könne als Ursache in Frage kommen. Der Schaden wurde auf 9000 RM geschätzt[214].

Der Wiederaufbau der kompletten Mühle erschien in der Zeit damals sicher als nicht besonders sinnvoll und war auch nicht so einfach durchzuführen. Eigentümerin war ja noch die Witwe Sweers. Für den Betrieb des Pächters Neemann war der Windantrieb nicht mehr erforderlich, der Motorbetrieb ev. schon noch. Er hat damals kaum noch gemahlen, sondern hauptsächlich mit Futtermittel- und Dünger gehandelt. Deshalb entschied man sich wohl, nur den unteren Rumpf wieder instand zu setzen. Die Klostermühle wurde zur reinen „Motormühle" umgebaut, so dass nur noch der Stumpf genutzt wurde. Dieser Achtkant aus Ziegeln wurde neu mit Holz und Dachpappe eingedeckt. Für den Betrieb als reine Motormühle bzw. Lagerhaus war der Windantrieb eben nicht mehr nötig. Nach Auskunft des Sohnes Erich Neemann, der auf der Mühle aufwuchs, sowie nach Aktenlage, war Engelke Neemann noch bis 1949 Mühlenpächter in Kloster Thedinga und dann ab 1950 Müller in Westerende-Kirchloog. 1949 wird die Mühle durch die Mühlenbrandsozietät folgendermaßen eingeschätzt: Motormühle 4050 DM, Wohnhaus 8710 DM, Scheune 5040 DM und der Mühlenanbau 970 DM. Zum Betrieb gehörten damals noch drei Hektar Land und 6 Stück Großvieh.[215]

Bei Kleeberg wird als weiterer Müller/Pächter ein Herr Fedder genannt, darüber konnten weiter keine Fakten ermittelt werden.

---

[212] Sta. A., Mühle Martin Heddens, Neermoor (1947-1955), Dep. 71, Nr. 366
[213] Ebd.
[214] Ebd.
[215] Ebd.

Als Nachfolger der Witwe Janna Sweers wird von Norzel/Weßling Martin Heddens (Neffe 2. Grades) als Müller der Klostermühle in Neermoor/Nüttermoor geführt. Er war spätestens ab 1953 der Eigentümer der Mühle. Martin Heddens ist in den Akten der Mühlenbrandsozietät von 1953 als Eigentümer und „Müller in Neermoor"[216] genannt, damit ist aber die Klostermühle gemeint.

Von 1955 an wurde die Mühle durch Tönjes Schmidt (*1925-†1989) aus Altschwoog (Schwager von Martin Heddens) wohl nur noch gelegentlich als „Motormühle" betrieben, aber eigentlich hauptsächlich als Lagerraum für sein Fuhrunternehmen und den Futtermittelhandel genutzt. Tönjes Schmidt war mit Helene, geb. Heddens, Schwester von Martin Heddens, verheiratet.

Es war die Zeit des großen Mühlensterbens, dessen Ursprung bereits in der Industrialisierung des 19ten Jahrhunderts liegt. Die Bauern hatten seit der Elektrifizierung zunehmend selber kleinere elektrisch betriebene Schrotmühlen. Auch auf unserem Hof in Eisinghausen stand eine solche Mühle, so dass das Schroten durch die Mühlen immer weniger wurde. Im Jahre 1957 verabschiedete die Bundesregierung unter Bundeskanzler Konrad Adenauer das „Mühlenstilllegungsgesetz[217]". Die handwerkliche Mehlerzeugung lohnte sich im Allgemeinen nicht mehr. Industriell hergestelltes Mehl eroberte den Markt fast vollständig. Das Mühlenstilllegungsgesetz führte dann zur Aufgabe zahlreicher Mühlen. Gegen eine Entschädigung wurde den Mühlenbetrieben angeboten, ihre Anlagen stillzulegen. Leider führte das auch dazu, dass die meisten Mühlen verschwanden oder still gelegt wurden. Von etwa 70.000 Getreidemühlen in Deutschland im Jahr 1875 waren 1966 in der Bundesrepublik nur noch etwa 6.400 übrig geblieben.

In den Jahren 1963 und 1967 wurde die Mühle im Rahmen der „Mühlenbereisung", durch die „Vereinigung zur Erhaltung der Wind- und Wassermühlen im Kreis Leer", beschrieben und bewertet. Man hatte den kulturellen und landschaftspflegerischen Wert der Windmühlen erkannt. Es ging darum, wenigstens einige Mühlen vor dem Untergang zu bewahren. Also wurden damals alle Mühlen im Landkreis Leer besichtigt und begutachtet. In dieser Liste ist über die „Motormühle" in Klostermühle festgehalten, dass die Bedachung 1947 mit Dachpappe und Holz neu angefertigt wurde. Der Mühlestumpf hatte damals folgende Abmaße: Länge 9,20m, Breite 7,80m, Traufhöhe 7,40m und Firsthöhe 8,30m. Der Neubauwert der „Motor-Windmühle" wurde auf 4050,- DM geschätzt. Wahrscheinlich kam man zu dem Ergebnis, dass sie in der beschriebenen Form als nicht erhaltungswürdig angesehen wurde, da man sowieso nur einige wenige besser erhaltene Mühlen unterstützen konnte, weil die finanzielle Ausstattung recht dünn war.

Im Jahr 1967 wurde sie dann schlussendlich als Windmühle/Motorwindmühle stillgelegt. Damit endet eigentlich die Geschichte als Mühlenbetrieb.

1968 wird die Mühle von Familie Hemken übernommen und komplett zur Gaststätte umgebaut. Im Stumpf der Mühle wird zunächst ca. 10 Jahre lang von der Familie Apfeld als Pächter eine Gaststätte betrieben. Im angrenzenden Gebäude befindet sich seitdem die Zimmerei von Oskar Schlüsselburg.

---

[216] Ebd.
[217] „Gesetz über die Errichtung, Inbetriebnahme, Verlegung, Erweiterung und Finanzierung der Stilllegung von Mühlen" Veröffentlicht mit Änderungen im Bundesgesetzblatt 1959, Nr. 19
http://www2.bgbl.de/banzxaver/bgbl/start.xav?startbk=Bundesanzeiger_BGBl&jumpTo=bgbl159019.pdf

Abbildung 18: Familienfeier 1985, Von links: Bertha Mansholt, Anna Gruis, Alma Kok, Clara Gruis, Teilke Mescher, Johannes Kok, sen. und Ewald Kok (Foto: K. Rönker)

1979 erwirbt die Familie Schiefelbein den Mühlenstumpf und das Mühlenhaus und betreibt dort eine Gastwirtschaft. In dieser Zeit fanden dort die Familienfeiern meiner Verwandten statt. Dieser Abschnitt endete ca. 1995.

Seitdem befindet sich im Achtkant der Mühle nur noch wunderschöner Wohnraum. Teile des Wirtschaftsgebäudes werden nach wie vor gewerblich genutzt u. a. von Wilhelm Schlüsselburg.

Nur die Bilder der ursprünglichen Mühle wurden noch lange nach dem Brand als „ostfriesische Mühle" in alter Pracht auf verschiedenen Ansichtskarten dargestellt.

Abbildung 19: Ansichtskarte (nachkoloriert), gelaufen 1971 (Archiv Kok)

Schlusswort

Die Thedinger Klostermühle kann auf eine sehr lange Geschichte zurückblicken, die sich in Karten, Akten und Registern des Staatsarchivs Aurich und in den Ortssippenbüchern der umliegenden Ortschaften bis ins 16. Jahrhundert zurückverfolgen lässt. Die Eigentümer und Pächter der drei nachgewiesenen Mühlen am immer gleichen Standort der Klostermühle beim Kloster Thedinga haben teils über mehrere Generationen die Mühle betrieben und weitervererbt oder verpachtet, das ist über die Ortssippenbücher und anhand der anderen Quellen nachgewiesen.

Die Entstehung der ersten Bockwindmühle reicht ganz sicher deutlich weiter zurück, doch darüber sind leider keine urkundlichen Quellen vorhanden. Gut dokumentiert ist die Zeit von 1699-1870 in den vorhandenen Veröffentlichungen.

Nach 1800 bis 1968 war die Zuordnung der zahlreichen Müller mühselig, da neben den Eigentümern auch Pächter auf der Mühle arbeiteten und häufig gewechselt haben. Es lässt sich daher auch nicht genau sagen, wie vollständig und genau die Zuordnung ist. In den Archiven und in den Ortssippenbüchern fanden sich erfreulicherweise noch etliche neue, bisher nicht veröffentlichte Müller bzw. Pächter der Klostermühle und falsche Annahmen über den Standort der Mühle konnten klar korrigiert werden. Darin liegt ein gewisser Erkenntnisgewinn dieser Arbeit. Auch einige unveröffentlichte interessante Ereignisse der letzten 80 Jahre als Mühle/Motormühle konnten dargestellt werden.

Leider findet sich in den aktuellen Veröffentlichungen im Internet über Mühlen in Ostfriesland kaum ein Hinweis auf diese alte Mühlenstelle. Weder bei der Deutschen Gesellschaft für Mühlenkunde und Mühlenerhaltung (DGM) e.V. (http://www.muehlen-dgm-ev.de/index.php), noch bei Ostfriesland von a-z (http://www.ostfriesland-abisz.de/muehlen/index.htm) wird sie erwähnt.

Eine lobenswerte Ausnahme bildet die Internetseite des europäischen Mühlenregisters „Molens.eu" (http://www.molens.eu). Hier ist die Mühle als Nüttermoor-Klostermühle/Nüttermoorer Mühle unter Objekt Nr.: 017 registriert und dargestellt[218]. Bei Wikipedia habe ich selber dafür gesorgt, dass die Mühle und ihr Standort seit Dez. 2012 beschrieben sind.[219]

Diese kleine Dokumentation könnte dazu beitragen, dass wenigstens dieser historische Platz der ehemaligen Klostermühle nicht vergessen wird und dass die Menschen in der Umgebung der ehemaligen Mühle daran erinnert werden, was in vielen Generationen vor ihnen das Aussehen dieser Landschaft mit geprägt und bestimmt hat. Die Nachfahren der Mühlenbetreiber sind zum Teil noch zu finden. Ihnen sei dieser Text ans Herz gelegt.

Das Interesse in der Bevölkerung an der Bewahrung dieser Bauwerke und der alten Technik und Kultur hat stark zugenommen. Heute wird auch der kulturelle Wert von Windmühlen als Denkmale erkannt. Es sind viele alte Mühlen und Mühlenreste liebevoll restauriert oder sogar neu aufgebaut worden, selbst wenn sie durch Stürme Schaden genommen haben, wie z. B. in Greetsiel. Windmühlen sind immer noch ein malerisches Wahrzeichen der ostfriesischen Landschaft. Das macht Hoffnung.

---

[218] http://www.molens.eu/index.php?PageID=3&L=16&D=556&M=17
[219] http://de.wikipedia.org/wiki/Klosterm%C3%BChle_%28Thedinga%29

Zeittafel

1590/91	Erste Eintragung in Karte von Ubbo Emmius (Bockwindmühle)
1624	Johann Dircks Müller zu Thedingen (Pächter)
1638	Gerdt Janssen Müller (Pächter)
1649	Geertjen Alberts (Pächter)
1686-1694	Berent Janssen (Pächter)
1699	Albert Poppen (?-1721) erwirbt Mühle in Erbpacht vom Grafen Christian Eberhard von Ostfriesland.
1700	40 Reichstaler Erbpacht pro Jahr.
1717	Albert Poppen in Zahlungsrückstand.
1719	Albert Poppen als Müller und Frau Ettje in der Kopfschatzung genannt.
1740	Hinderk (Hinrich) Alberts ist Müller in Erbpacht, Sohn von Albert.
1743	Neubau einer neuen Pelde- und Mehlmühle als Erdholländer/Hockmühle mit Exklusivrechten im Moormerland.
1743	Neue Mühlsteine in die Peldemühle Kloster Thedinga eingebracht.
1757	Hinderich Albers „Müller" mit Frau und drei Kindern in der Kopfschatzung genannt, das jüngste Kind ist 12 Jahre alt.
1772	Jannes Hinrichs, Sohn von Hinderk Alberts ist Müller und nimmt den Namen Müller an. Er verlängert den Exklusivvertrag.
1779	Gründung der Mühlenbrandsozietät für Ostfriesland und das Harlingerland.
1788	Kaution auf die Peldemühle für Rezeptor Adel Schmertmann
1799-1807	Jannes van Loh ist Pächter auf Kloster Thedinga und Landwirt auf der Klostermühle. Sein Beruf wird mit Müller angegeben.
1807	Witwe Müller als Erbpächterin genannt.
- 1827	Johann Hinrich Müller, Sohn von Jannes Hinrichs als Müller genannt.
Nach 1827	Focke und Peter van Loh werden als Erben genannt.
1823-1833	Johann Menken Wübbe Platte als Mühlenpächter tätig.
1834-1836	Casjen Tobias Ostendorf wird als Müller in Kloster Mühle bezeichnet.
1854	Christian Heinrich Christians, verh. mit Anna Loerts Buchmeyer, ist Müller.
1.10.1858	Tönjes Weyerts Rabenberg, „Müller in Kloster Mühle" verunglückt tödlich auf der Mühle.
1858-1860	Tjade Bonnen Poppinga Hausmann, Müller zu Kloster Thedinga genannt.
1860-1870/73	Eike Reemts Lübbers als Müller zu Kloster Mühle und wohnhaft in Klostermühle genannt.
1870	Christian H. Christians als Inhaber des Thedinger Mühlenbetriebes genannt.
1881	Mühlenhaus neu erbaut, Windmühle neu erbaut als einstöckiger Galerieholländer.
1886	Loert Christians, verheiratet mit Maria Cassens, als Müller genannt
1890	Harm Christians als Müller genannt, verheiratet mit Grietje van Loh, Tochter von Jannes van Loh, wird als Müller, Landgebräucher zu Klostermühle, später Privatmann zu Nüttermoor bezeichnet.
1891	Weert Sweers wird als Nachfolger von Loert Christians aufgefordert, den Betrieb auf seinen Namen einzutragen.
1893	Weert Sweers als Müller genannt.
1899	Im Adressbuch für Handel und Gewerbe der Provinz Hannover wird Weert Sweers als Müller genannt.
1899	Bei der Mühlenbrand-Sozietät ist für die Mühle bei Kloster Thedinga als Eigentümer Weert Sweers geführt.
1901	Gesuch des Müllers Sweers in Klostermühle um Köpfung der Bäume bei seiner Besitzung an der Landstraße von Leer nach Neermoor. Landkreis Leer lehnt ab.
1904-1935	Weert Sweers Müller, Müllergeschäft, Klostermühle bei Leer
1906	Bei der Mühlenbrand-Sozietät ist für die Mühle bei Kloster Thedinga als Eigentümer Weert Sweers geführt
1916	Bei der Mühlenbrand-Sozietät ist für die Mühle bei Kloster Thedinga als Eigentümer Weert Sweers geführt
Ca. 1930-1932	Einbringung eines Elektromotors (Siemens-Schuckert) als zusätzliche Antriebsquelle
1932	Reparatur der Schwichstelle (Galerie) nach Aufforderung der Mühlenbrandsozietät
1935	Müller Weert Sweers stirbt. Neffe Geerd Sweers wird ebenfalls als Müller der Klostermühle bezeichnet.
1936	Ww. Janna Sweers geb. Reiners wird aufgefordert, die schweren Mängel der Mühle zu beseitigen. Das erfolgt noch im gleichen Jahr.
1936-1938	Ww. Janna Sweers betreibt das Geschäft weiter, als Erbe Bauer Berend Sweers aus Loquard genannt. Nachlassverwalter Kuno Berends aus Upleward.
1938	E. Neemann wird von Ww. Sweers als neuer Betreiber des Mühlengeschäfts genannt.
1938-1949	Engelke Neemann ist Mühlenpächter der Klostermühle
1946	Engelke Neemann, wird beim Landesernährungsamt Oldenburg wegen nicht genehmigter Inbetriebnahme der Mühle, unsachgemäßer Buchführung und nicht eingereichter Meldungen über Getreideaufnahme aktenkundig.
10/11.03. 1947	Mühle brennt bis auf den unteren gemauerten Stumpf ab.
1947	Mühlenstupf wird neu überdacht und der Betrieb als reine Motormühle und Lager fortgesetzt.

1949-1955	Martin Heddens wird als Müller in Neermoor bezeichnet.
Seit 1955	Tönjes Schmidt aus Altschwoog (Schwager von Martin Heddens) betreibt die Mühle im Mühlenrest als Motormühle mit Elektromotor und sein Fuhrunternehmen.
1958	Tönjes Schmidt als Fuhrunternehmer genannt.
1963	Tönjes Schmidt als Betreiber der Motormühle genannt.
1967	Tönjes Schmidt als Betreiber der Motormühle genannt.
Ca. 1967/68	Ende des Mühlenbetriebs
1968-1979	Familie Schlüsselburg betreibt im Mühlengebäude eine Zimmerei. Familie Hemken baut den Mühlenstumpf zur Schankwirtschaft um. Pächter Apfeld betreibt dort eine Gastwirtschaft.
1979-1995	Familie Schiefelbein besitzt die Mühle und das Mühlenhaus und betreibt im umgebauten Stumpf der alten Mühle die Gastwirtschaft weiter.
Seit 1995	Umbau und Nutzung des Stumpfes als weiterer Wohnraum durch die Familie Schiefelbein. Der Rest des Wirtschaftsgebäudes wird gewerblich genutzt durch Fa. Schlüsselburg und andere.

Abbildungsverzeichnis

Abbildung 1: Postkartenmotiv der Klostermühle von 1943 (Archiv Kok)   6

Abbildung 2: Familienfeier 1985 zum 80. Geburtstag von Anna Gruis in der ehemaligen Mühle. Von links: Else Gruis, Bertha Mansholt, Anna Gruis, Alma Kok (Foto K. Rönker)   7

Abbildung 3: Der Wirt Schiefelbein mit meiner Familie. Von links: Heino Kok, Wirt Schiefelbein, Heinz Geers, Heyo Franzen, Anna Franzen, Johannes Kok, sen. (Foto K. Rönker)   8

Abbildung 4: Heutiger Zustand (2013) des Mühlenstumpfes   8

Abbildung 5: Erhaltene Bockwindmühle, 1626 in Dornum erbaut (Foto Heino Kok 2013)   10

Abbildung 6: Typischer Erdholländer von 1802 in Altfunnixsiel, (Foto K. Siereveld 2007)   10

Abbildung 7: Typischer mehrstöckiger Galerieholländer mit Windrose in Greetsiel, Zustand vor dem Sturmschaden (Foto Heino Kok 2013)   10

Abbildung 8: Schnittbildzeichnung der Britzer Mühle, Berlin (Gezeichnet von Ruth Flemming / Archiv Britzer Müller Verein http://www.windmill.de)   10

Abbildung 9: Ausschnitt aus Ostfriesland-Karte von Ubbo Emmius 1599   13

Abbildung 10: Kartenausschnitt mit Mühle von 1711   16

Abbildung 11: Kartenausschnitt um 1755   21

Abbildung 12: „Clostermöhle", Ausschnitt aus Campscher Karte von 1806   24

Abbildung 13: Kartenausschnitt von 1898 mit Klostermühle an der Bahnstrecke mit den Bahnwärterhäuschen (B.W.)   28

Abbildung 14: Postkartenmotiv der Klostermühle mit Blitzableiter und Stromversorgungsmasten ca. 1920-1930   30

Abbildung 15: Ansichtskarte mit der Mühle aus den 1940er Jahren, Trafohaus links (Kreis), Strommasten rechts (Archiv Kok)   33

Abbildung 16: Foto der Klostermühle mit Hochspannungsmast und Trafohäuschen-Dach (Keis), Archiv: Herlyn, veröffentlicht durch Becker in der Ostfriesischen Tageszeitung 1938   33

Abbildung 17: Kopie aus Nordwestzeitung v. 11.03.1947   37

Abbildung 18: Familienfeier 1985, Teilke Mescher, Else Gruis, Bertha Mansholt, Anna Gruis und Alma Kok (Foto: K. Rönker)   39

Abbildung 19: Ansichtskarte (nachkoloriert), gelaufen 1971 (Archiv Kok)   39

Quellen- und Literaturverzeichnis

Archivquellen

Nordwest-Zeitung — Ausgabe Ostfriesland Süd vom 11.03.1947 (Mikrofiche) Bibliothek der Ostfriesischen Landschaft Aurich

Niedersächsisches Landes-Archiv-Standort Aurich/ Staatsarchiv Aurich (Sta. A.)

Das Gesuch des Müllers Sweers in Klostermühle um Köpfung der Bäume bei seiner Besitzung an der Landstraße von Leer nach Neermoor (1901), Rep. 16/1, Nr. 1931

Die Einbringung neuer Mühlsteine in die Peldemühlen in Norden und Kloster Thedinga (1743-1747), Dep. 1, Nr. 3008

Die Kaution für den Rezeptor Schmertmann auf die Peldemühle des Heinrich Albers bei Kloster Thedinga, Dep. 1, Nr. 928

Die Mühle in Thedinga (1662-1743), Rep. 4, B 4 h, Nr. 247

Die Mühle in Thedinga (1699), (1744-1808), Rep. 6, Nr. 3321

Die Mühle in Thedinga (1825-1829), Rep. 15, D92

Erbpachtbrief für Harmen Dirks über Kloster Thedinga und die zugehörigen Ländereien (1711), Rep. 4, B 2 n, Nr. 371

Hypothekenbücher der Moormer Vogtei, Amt Leerort (ab 1751), Rep. 237, Nr. 1070, Vol. I, 1, fol. 66,

Mühle Engelke Neemann. Westerende-Kirchloog (1943-1953), Dep. 71, Nr. 260

Mühle Martin Heddens, Neermoor (1947-1955), Dep. 71, Nr. 366

Ostfriesische Landschaft (nach 1815), Verzeichnis der Windmühlen im Landkreis Leer (1954-1963), Enthält: u.a. Fotos, Zeitungsausschnitte, Dep. 1N, Nr. 3108

Ostfriesische Landschaft (nach 1815), Verzeichnis der Windmühlen im Landkreis Leer sowie Entscheidung des Landkreises, welche Windmühlen erhalten werden sollen (1967), Dep. 1N, Nr. 3112

Ostfriesische Landschaft (nach 1815), Stilllegung von Windmühlen (1951-1963), Dep. 1N, Nr. 3113

Mühlenbrandsozietät für Ostfriesland und das Harlingerland (1832-1836), Dep. 71, Nr. 31 (Mühlenbrandsozietät)

W. Sweers, Müllergeschäft, Klostermühle bei Leer (1904-1938), Rep. 126, D 0092

Niedersächsisches Landes-
Archiv-Standort Oldenburg/
Staatsarchiv Oldenburg
(Sta. O.)
    Engelke Neemann, Mühlenpächter Klostermühle bei Leer wegen nicht genehmigter Inbetriebnahme der Mühle, unsachgemäßer Buchführung und nicht eingereichter Meldungen über Getreideaufnahme 1946, Landesernährungsamt Oldenburg (1946-1948), Best. 312, Nr. 1935

Kartenquellen

Henninger, Wolfgang/
Kappelhof, Bernd/
Schumacher, Heinrich (Hrsg.)   Die große handgezeichnete Campsche Karte von Ostfriesland von 1806, Hahnsche Buchhandlung, Hannover, 2005 (Campsche Karte von 1806)

Emmius, Ubbo   Typvs Frisiae Orientalis, um 1600 (Ubbo Emmius Karte)

Königreich Preußen (Hrsg.)   Königlich Preußische Landesaufnahme 1897, Leer, Herausgegeben 1898

Staatsarchiv Aurich   Karte aus Erbpachtbrief für Harmen Dirks über Kloster Thedinga und die zugehörigen Ländereien (1711), Rep. 4, B 2 n, Nr. 371

    Karte über die Gegend zwischen Logabirum, Bollinghausen, Nüttermoor und Veenhusen (1755), Rep. 244 A 3109

Onlinequellen

Datenbank online   Handels- und Gewerbe-Adressbuch der Provinz Hannover, des Grossherzogthums Oldenburg und des Freistaats Bremen, 1898, Provo, UT, USA, Ancestry.com Operations Inc, 2008

Emder Mühlenverein
http://www.emdermuehlen
verein.de/
    D. Janssen, Mühlenstandorte, Müller in Ostfriesland und Harlingerland 1899, Mühlenbrand-Sozietät für Ostfriesland und Harlingerland
http://www.emdermuehlenverein.de/
texte/muehlenbrandsocietaet.pdf (Mühlenstandorte 1899)

    D. Janssen, Mühlenstandorte, Müller in Ostfriesland und Harlingerland 1906, Mühlenbrand-Sozietät für Ostfriesland und Harlingerland
http://www.emdermuehlenverein.de/
texte/muehlenbrandsocietaet_1906.pdf (Mühlenstandorte 1906)

    D. Janssen, Mühlenstandorte, Müller in Ostfriesland und Harlinger-land Mühlenstandorte, Müller in Ostfriesland und Harlingerland 1917, Mühlenbrand-Sozietät für Ostfriesland und Harlingerland
http://www.emdermuehlenverein.de/

	texte/muehlenbrandsocietaet_1917.pdf (Mühlenstandorte 1917)
	D. Janssen, Krummhörner Mühlenbrandgeschichte http://www.emdermuehlenverein.de/ text_krummhoerner_muehlen/ krummhoerner_muehlengeschichte.pdf (Krummhörner Mühlengeschichte) Alle eingesehen 6/2013
Molens.eu Europäisches Mühlenverzeichnis	http://www.molens.eu, eingesehen 6/2013
OpinioIuris	Die freie juristische Bibliothek, http://opinioiuris.de/entscheidung/1025, Entscheidung des Bundesverfassungsgerichts vom 17.12.1958, eingesehen 10/2013
Ostfriesische Landschaft	http://www.ostfriesischelandschaft.de Ortschronisten der ostfriesischen Landschaft Nüttermoor http://www.ostfriesischelandschaft.de/fileadmin/php /ortschronisten/Ortsartikel/HOO_Nuettermoor_B.pdf (OL Nüttermoor), eingesehen 6/2013
	http://www.ostfriesischelandschaft.de Ortschronisten der ostfriesischen Landschaft Wiesmoor http://www.ostfriesischelandschaft.de/fileadmin/ user_upload/BIBLIOTHEK/HOO/HOO_Wiesmoor.pdf (OL Wiesmoor), eingesehen 6/2013
	http://www.ostfriesischelandschaft.de Ortschronisten der ostfriesischen Landschaft Leer http://www.ostfriesischelandschaft.de/fileadmin/ php/ortschronisten/Ortsartikel/HOO_Leer_Wessels.pdf (OL Leer), eingesehen 6/2013
OZ-online	Ostfriesenzeitung online, http://www.oz-online.de/
Wikipedia	http://de.wikipedia.de, diverse Beiträge, eingesehen 2013/14

Bei google books digitalisierte Literatur:

Arends, Friedrich	Erdbeschreibung des Fürstenthums Ostfriesland und des Harlingerlandes, Emden, 1824 (Erdbeschreibung)
Arends, Friedrich	Ostfriesland und Jever in geographischer, statistischer und besonders landwirtschaftlicher Hinsicht, Emden, 1818-1820, (Ostfriesland und Jever)
Freese, Johann Conrad	Ostfries- und Harlingerland nach geographischen, topographischen, physischen, ökonomischen, statistischen, politischen und geschichtlichen Verhältnissen, Aurich, 1796, Band 1 (Ostfries- und Harlingerland)

Huhn, Eugen	Topographisch-statistisch-historisches Lexikon von Deutschland: eine vollständige deutsche Landes-, Volks- und Staatskunde, Band 6, Hildburghausen, 1849
Klopp, Onno	Geschichte Ostfrieslands von 1744-1815, Rümpler, Hannover, 1858 (Klopp, Geschichte Ostfrieslands)
Remmers, Arend	Von Aaltukerei bis Zwischenmooren. Die Siedlungsnamen zwischen Dollart und Jade, Leer, 2004 (Von Aaltukerei bis Zwischenmooren)
Ubbelohde, Johann Georg Ludwig Wilh.	Statistisches Repertorium über das Königreich Hannover, Hahn, 1823

Literatur

Abels, Hermann	Müller und Mühle im Emslande, in „Mein Emsland", Nr. 14, 20.09.1935, Beilage der Ems-Zeitung (Abels, Müller und Mühle)
Anneessen, Helmut	Die Familien der evangelisch-reformierten Kirchengemeinde Jemgum (1674-1900); Upstalsboom-Gesellschaft, Aurich, 2005 (OSB Jemgum)
Becker, Ernst August	Mühlenpächter und –besitzer zu Kloster Thedinga von 1699-1938, in der Ostfriesischen Tageszeitung (Emden, NS.-Gauverlag Weser-Ems) vom 3.Februar 1938 (Becker, Mühlenpächter)
Boelcke, Willi A.	Der Schwarzmarkt 1945-1948. Vom Überleben nach dem Kriege, Braunschweig 1986 (Boelcke, Der Schwarzmarkt 1945-1948)
Brüning, Heiko	Untersuchungen zu den Mühlen im Amt Leer, (Ostfriesland), bis 1800, Hausarbeit für die fachwissenschaftliche Prüfung für das Lehramt an Gymnasien, Göttingen, 1983 (Brüning, Mühlen im Amt Leer)
Canzler, Gerhard	Neermoor im Moormerland, Soltau-Kurier-Norden, Norden, 1984 (Canzler, Neermoor)
Elster/ Haarnagel / Wiemann/ Robra/ Bakker/ von Unruh	Heimatchronik des Kreises Leer, Heimatchroniken der Städte und Kreise des Bundesgebietes Band 26, Archiv für Heimatpflege, Köln, o. J. ca. 1962 (Elster, Heimatchronik Leer)
Fock, Rüdiger R. E.	Dor geiht doch noch wat! Die Familie Jan Meinders und Johanne Sweers in Neermoor, Norderstedt, B. o. D., 2009 (Fock, Dor geiht doch noch wat!)
Gerdes, Heike	Mühlengeschichten, die Windmühlen des Landkreises Leer, Leer, Reinhard, 1999 (Gerdes, Mühlengeschichten Leer)
Gleisberg, Hermann	Technikgeschichte der Getreidemühlen, Deutsches Museum, Abhandlungen und Berichte, 24. Jahrgang 1956, Heft 3, München 1956 (Gleisberg, Technikgeschichte)

Hesse, Arnold	Die Familien der evangelisch-lutherischen Kirchengemeinde Leer (1674-1900), Upstalsboom-Gesellschaft, Aurich, 2003, (OSB Leer)
Hinrichs, Wiard	Kopfschatzung 1757, Die steuerpflichtige Bevölkerung Ostfrieslands im Siebenjährigen Krieg, Aurich, Teil 2, 2010 (Kopfschatzung 1757)
Jakubowski-Tiessen, Manfred	Sturmflut 1717: die Bewältigung einer Naturkatastrophe in der Frühen Neuzeit, Oldenbourg Verlag, München, 1992 (Sturmflut 1717)
Kleeberg, Wilhelm	Niedersächsische Mühlengeschichte, Bösmann, Detmold, 1964 (Kleeberg, Mühlengeschichte)
Korte, Wilhelm	Die Mühle beim Kloster Thedinga, in Der Deichwart, Beilage der Zeitung Rheiderland, 1959, Heft 38 (Korte, Die Mühle)
Korte, Wilhelm	Der Thedingaer Müller protestierte: aber Warsingsfehn kam doch zu einer großen Windmühle, in Unser Ostfriesland, Beilage der Ostfriesenzeitung, Leer, 1967, 17 (Korte, Thedingaer Müller protestierte)
Kronsweide, Gerhard	Diverse Beiträge in: Mühlenverein Jemgum(Hrsg.), 250 Jahre Peldemühle in Jemgum. Ein Baudenkmal feiert Jubiläum, Leer, 2006 (Kronsweide, Peldemühle in Jemgum)
Lange, Wilhelm,	Die Familien der Kirchengemeinde Nüttermoor (1663-1900), Ostfriesische Landschaft, Aurich, 1991 (OSB Nüttermoor)
Müller, Ernst	150 Jahre Eisenbahn in Ostfriesland, De Utroper Verlag, Leer, 2006
Münkel, Daniela	Nationalsozialistische Agrarpolitik und Bauernalltag, Campus Verlag, Frankfurt a. M., 1996 (Münkel, Nationalsoz. Agrarpolitik)
Meyer, Theo	Von Häuptlingen, Seeräubern und Walfängern, Heimatarchiv, eine Zeitreise durch Ostfrieslands Geschichte, Sutton Verlag GmbH, 2011 (Meyer, Von Häuptlingen)
Möhn, Dieter (Hrsg.)	Die Fachsprache der Windmüller und Windmühlenbauer in Ostfriesland, Ein Bestandteil ostfriesischer Regionalkultur, Aurich, Ostfriesische Landschaft, 1986 (Möhn, Fachsprache)
Norzel, Walter/ Weßling, Helmut	Ostfriesisches Mühlenbuch, Schlütersche Verlagsanstalt, Hannover, 1991 (Norzel/Weßling, Mühlenbuch)
Popken, A.	Windmühlen in der ostfriesischen Landschaft : Denkmalschutz Kartei, 1986 (Denkmalschutzkartei)
Reith, Reinhold/ Schmidt, Dorothea (Hrsg.)	Kleine Betriebe – Angepasste Technologie? Hoffnungen, Erfahrungen und Ernüchterungen aus sozial- und technikhistorischer Sicht, 2002, Cottbusser Studien zur Geschichte von Technik, Arbeit und Umwelt, Band 18 (Kleine Betriebe – Angepasste Technologie)

Roth, Wiard	Die alte Windmühle in Völlenerfehn und die Familie Rabenberg, in Unser Ostfriesland; Beilage der Ostfriesenzeitung, Leer, 1972, 6
Saathoff, Gerd	Mühlen in Ostfriesland, Schriftenreihe „Die Leuchtboje", Heft 21, Verlag Ostfriesische Landschaft, Aurich 1979 (Saathoff, Mühlen)
Schulte, Erhard	Die Familien der Kirchengemeinde Loga (1728 – 1900), Upstalsboom-Gesellschaft, Aurich, 1975, (OSB Loga)
Schulte, Erhard	Kopfschatzung 1719, Nachdruck der Ostfriesischen Steuerlisten von 1719, Upstalsboom-Gesellschaft(HRSG), Gebundene Ausgabe, Dezember 1999, (Kopfschatzung 1719)
Sträter, Hans-Jürgen	Torfkraftwerk Wiesmoor und wie Ostfriesland elektrisch wurde, Norderstedt : B. o. D., Wiesmoor, Adlerstein-Verl., 2009 (Sträter, Torfkraftwerk Wiesmoor)
Strutz-Ködel, Marianne/ Euler, Friedrich W. (Hrsg.),	Deutsches Geschlechterbuch, Bd. 190, Ostfriesisches Geschlechterbuch, Bd. 6, bearb. von Dr. jur. Sigismund Eberhard, mit Zeichnungen von Klaus Ritt u. Lothar Högel, Genealogisches Handbuch Bürgerlicher Familien, C. A. Starke, Limburg a. d. Lahn, 1963 (Ostfriesisches Geschlechterbuch, Bd. 6)
Verlag Gerhard Staling	Der Landkreis Leer, Landschaft, Geschichte, Wirtschaft, Einwohner, Oldenburg, 1958 (Landkreis Leer 1958)
Verlag H. E. Kasper	Heimat-Adressbuch Landkreis Leer 1968/69 nach amtlichen Unterlagen Köln, 1968/69 (Landkreis Leer 1968)
Wittor, Manfred	Mühlen in Großefehn. Ihre Geschichte und die ihrer Erbauer und Betreiber, Selbstverlag Wittmund, 2002
Unruh, Georg Christoph von	Der Landkreis Leer, In Vergangenheit und Gegenwart, Leer, Kreis- und Stadtsparkasse, 1965 (von Unruh, Der Landkreis Leer)